食のほそみち

酒井順子

幻冬舎文庫

食のほそみち

目次

哲学的な食べ物

ごはん、豆腐、水……といった飲食物が、私は苦手です。それらが嫌いというわけでは、ありません。ただそれらの飲食物が、人の「味覚自慢」に火をつけやすいものである、というところが、苦手なのです。

たとえば、ごはん。よく、「日本人なら誰でも、お米の味の良し悪《あ》しだけはわかるもの」といったことが語られがち。

「僕は、ごはんのおいしい店にしか行かない」

などと言う人も、よくいるものです。

私は、その手の発言を前に、つい無口になってしまいます。それというのも、私は微妙なごはんの味の違いが、全くわからないから。

水加減を間違えて、べちゃべちゃだったり、芯《しん》があったりというのであれば、おいしくないとは思うのです。日本米とタイ米の区別とか、もち米とうるち米の区別くらいなら、つく。しかし、「おいしい米」とか「まずい米」といった違いは、とんとわかりません。水加減さえ間違わなければ、どんなお米でもおいしい、ような気がする。

ですから「米談義」が始まると、私は黙ってしまうのです。たとえば定食屋さんにおいて、

「ここのお米、あんまりおいしくないね」

などと同行者に囁《ささや》かれても、私はほぼ確実に、「ごく普通のお米だ」と思いながら満足して食べており、返答に詰まってしまう。

「この米はおいしくない」と言う人に、

「えっ、そんなことないよ。おいしいじゃない」

と言うのは、非常に勇気がいることです。米というのは日本人にとってのソウル・フードですから、その味もわからないなんて日本人としてものすごく低級だと思われるのではないか、という恐れを抱いてしまうから。そこで私は、

「あっ、そ……うかもね」

といった曖昧《あいまい》な返答をしてお茶を濁す、と。

豆腐にしても、同じです。味にうるさい人は、

「スーパーで売っているパック入りの豆腐なんて、食べられたものではありませんね」

などと言うもの。そこで私は、またビクビクするわけです。そう、私はスーパーのパック入り豆腐で、ぜーんぜん満足しているから。

その手の「味にうるさい人」と食事をしている時に豆腐が出てくると、私はとても緊張します。「果たしてこの豆腐に対して、どうコメントすればいいのか?」と、悩んでしまうから。

感じたままを素直に言えばいいということは、理解しています。しかしこと豆腐のような食べ物の場合は、その評価のやり方如何《いかん》で、その人の知性まで判定されてしまいそう。黙って食べ続けようかしら、とも思います。そうすれば少なくともトンチンカンな発言はせずに済む。しかし、本当においしいものを食べて「おいしい」と言わないのは、かえって馬鹿っぽくもあるし……。豆腐を前にして悩む私。

「味にうるさい人」は、豆腐を口にして突然、

「これはおいしいっ!」

と妙に感動したり、

「全然、ダメっ」

と吐《は》き捨てるように言ったりするものですが、そんなに感情を震わせるほど違いがあるのか、私にはサッパリわからない。腐ってさえいなければ、全《すべ》ての豆腐を「豆腐ですな」と思って食べるのみの私は、「味にうるさい人」が判断を下すのを待って、

「あー、そうですねー」

と同調するようにしております。

極め付けは、「水」問題でしょう。この世には水にこだわる人が、実に多い。ミネラルウォーターを買うという行為は、今や当たり前。わざわざ山奥まで行って、評判の名水をポリタンクに汲《く》んでくる人もいます。

「これでお茶をいれると、味が全然違うんです」

と、名水ハンター達は口を揃《そろ》える。

私はそんな「水の味の違いがわかる人」達の前でも、肩身が狭いのです。当然ながら私は水の味も、全然わかりません。名水が湧《わ》く地において、源泉の水をすくって飲んでみたこともあります。当然、「まずい」とは思わないものの、「おいしい」かどうかも、わからない。

「水、だわな」という感じ。

しかし横には、案内をして下さった現地の方が、「どうです？　おいしいでしょう」と言わんばかりの顔で待機しているので、

「やっぱりおいしいですよねーっ」

などとつい、口にしてしまうわけですが。

そんな私は、家では当然、水道の水を飲んでいます。一応、いったん沸騰させた湯ざましを使うようにはしているものの、ミネラルウォーターを買うことは無い。水道水の味に対す

る不満も、全く無い。

「水道の水を飲んでいる」と言うと、時に野蛮人扱いされることがあります。友達にお茶を出す時は、水道水を使用していることがバレないように、コソコソと薬罐《やかん》に水を汲んだりも、する。

私の「水の味オンチ」の原因として思い当たることが、実はあるのです。私は学生時代に水のスポーツのクラブに所属し、練習を江戸川で行なっていました。一日に何十回も江戸川に浸《つ》かり、その水を飲んでしまうこともしばしばだった。

江戸川とはどんな川かをご存じない方に説明すると、一口で言うととても汚い川、なのです。透明度はほとんどゼロ。人や豚の死体から卒塔婆《そとば》まで、何でも流れてくる。夏になると川底から得体の知れない気泡がプツプツと浮かび、帰途につく私達は異臭を放っていたらしい(口臭と同じで、当事者は気付かない)……。

そんな川の水を、私は意識的にではないにせよ、飲んでいた。で、飲み込んだ瞬間は「気持ちワリー」とは思ったものの、お腹《なか》も壊さずに全く元気でいた。あの水に比べれば、水道の水なんて清流そのもの、なのです。

米、豆腐、水。これらは非常にシンプルな飲食物であるが故に、微妙な味の違いを哲学的に語り合うという論争を巻きおこしがち。確かに、米や豆腐や水にこだわる人を見ると、知性的な味覚の持ち主という感じはするものです。

江戸川の水をガブガブ飲んで育った私は、その哲学がわからないことに、コンプレックスを感じています。が、我が家でお茶を飲んで、「これ、水道水でいれたでしょ？」と当てた人は、今まで一人もいない。「わかってるフリ」して本当はわかっていないという人が実は多いに違いない、と思うことによって、コンプレックスをはねのけようとする私なのです。

テレビと食べる

子供の頃、「ごはんを食べながらしてはいけないこと」がいくつかありました。つまり、「肘《ひじ》をつく」とか「脚を組む」とか「歌を歌う」とか。私は、食事中に歌を歌いたくなることがよくあったので、しばしば注意されたものです。

大昔は、ごはんを食べながらおしゃべりすることすらいけなかった時代もあったそうで、「メシは黙って食え!」

なんてお父さんに注意されたらしい。今となっては信じられないマナーですが。「テレビを見る」も、食事中の禁忌《きんき》事項の一つでした。「食事は、家族で楽しく会話をしながらするもの」であり、他のものに目を奪われて「ながら食い」をするなどとんでもない、ということだったのでしょう。

この「テレビを見ながら食事をしてはいけない」というマナーは、どうやって形成されたのでしょうか。テレビが日本の家庭にドッと普及したのは今の天皇陛下のご成婚の時だと言いますから、それは日本古来の伝統的なマナーというわけではありません。ということは家庭にテレビという新しい物体が登場した時、「これを見ながら食事するのは、どうも不愉快だなぁ」と多くの大人が思ったから、何となくできたマナーなのか。ちょうど「電車の中で携帯電話を使われるのはどうも不愉快だなぁ」と思う人が多かったが故に「電車で携帯は使わない」というマナーができたように。

子供の頃は、たまに両親が不在の時、「テレビ見ながらごはん」の罪を犯してしまうことも、ありました。子供達だけで食べるように、母親が作り置いていったカレーが、鍋《なべ》には入っています。兄と私がそれぞれ、自分で好きなだけそのカレーをよそうと、そのお皿とラップのかかったサラダ、それに牛乳のコップ（カレーを食べながら牛乳を飲むのは、おいしい）を普段は食事などしない居間に持っていきます。テレビは、いつも食事をする食堂には無く、居間に置いてあるからです。

で、テレビを見ながら食べるそのカレーのおいしさと言ったら！　好きなテレビ番組とカレーとを同時に楽しむことができるなんて、アアもう極楽……！　って感じ。食べ終ってもしばらくは食器を片付けることすらせずテレビを眺め続け、ここぞとばかりにひとときの堕《だ》落《らく》に浸ったものです。

しかしふと気がつくと私は今、一人で家で食事をする時は何の躊躇《ちゅうちょ》も無く、テレビをつけているのでした。朝・昼・晩を問わず、テレビと一緒にごはん。面白い番組だったりすると、

「アハハ」などと一人で声を上げて笑いながら、食べたりもする。

そうなると、子供の頃に感じた「テレビを見ながらの食事」に対する喜びなど、全く得られないのです。禁止されているものをこっそり見るから面白いのであって、誰に咎《とが》められる心配もなく堂々と見るのでは興奮しない……というのは、エロ本原理と一緒。

先日、実家に帰った時のこと。私が驚いたのは、食事をする時、居間のテレビが消されていなかったことでした。食堂からその画面を見ることはできませんが、音だけは聞くことができる。「ああ、私が小さい頃だったら、こんなことは絶対になかったのになぁ……」と、私は自分のことを棚に上げ、少し寂しいような気持ちになった。

考えてみれば、子供が独立してしまえば親としては、もう子供の規範となるような行動をしなくてもいいのです。さらに夫婦二人きりでいても、もはや会話すべきネタもそうそう無かろう。シーンとした中で二人で食事をするのも気づまりだし、それならば……ということで、親の食卓にテレビは入りこんだのではないか。

かくして、かつてはテレビを見ずに食事をしていた家族は、親も子供も歳《とし》をとった今、お互いがそれぞれに、テレビを見ながら食事をするようになったのです。テレビは、欠けた家族の代用品となるのだなぁと、思った次第。

そういえばテレビが置いてある定食屋さんやラーメン屋さんというのは、単身者が多く利用するお店です。そしてそのテレビはカウンターに向けて、つまりは「一人で食べに来ているお客」によく見えるように、設置されていることが多い。

その手のお店にもしテレビが無かったら、いたたまれないような雰囲気になることでしょう。ひたすら黙々と、一人でごはんを食べる人達の群れ。聞こえるのは、味噌汁《みそしる》をすする音と、

「お勘定おねがい！」

という声くらい……というのでは、やはり一人メシの虚《むな》しさ倍増、であろう。定食屋さんにおいて必要なのは、BGMやラジオではなく、「動いてしゃべる人の姿が見える」テレビなのです。

定食屋さんのテレビというのは、時として客に連帯感を与えてくれる存在でもあります。たとえばナイター中継を放送していて、松井がバッターボックスに立った、という時。

「打ったァ、打ちましたアッ！」

というアナウンサーの大きな声に、誰もがパッと目を上げ、テレビを見つめる。そして打球がフェンスを越えるか否か、全員がじっと見つめるその瞬間……、定食屋さんにいる人達の心は、一つになる。青森から出てきて焼肉定食を食べている大学生も、給料日前で肉じゃがの小鉢を取ろうかどうしようか迷っている独身サラリーマンも、三角巾《きん》を被《かぶ》ってサバを焼

いているおばちゃんも全員、「打球の行方」という共通した心配事を持つ、一瞬の疑似家族となるのです。

打球がホームランだとわかった瞬間、疑似家族は崩壊します。ホームランが嬉《うれ》しい人もそうでない人も、またそれぞれが食事に戻る。

最近、一人で食事をする子供が増えているのだそうで。そうなると、子供の頃から「テレビが家族」状態に慣れているという大人が、これから増えることになる。

定食屋さんにおいて、それぞれがテレビに夢中になるあまり、全く会話をしないで食事をしているカップルをたまに見ます。しかしまぁ、テレビ＝おかあさん、だと考えれば、それもまた無理のないことなのかもしれないなぁと、思うのです。

カクテルグラスで……

プライドの高い美人女優が、男にふられてしまった夜。バーのカウンターで、ちょっと大きめのカクテルグラスになみなみと注がれたドライ・マティーニを酩酊《めいてい》しつつもガブ飲みし、「そんなに飲んだら身体《からだ》に毒ですよ」なんてバーテンから心配される。……といったシーンが、洋画にはよくあるように思うのですが。

私にとっての憧《あこが》れの行為というのがこの、「ちょっと大きめのカクテルグラスでのマティーニガブ飲み」、です。映画において「酩酊する傷心の美女」が飲む無色透明のマティーニというのは、実に何ともおいしそうに見える。これぞ大人の飲み物、という感じがして、「ああ、一回でいいからああいうこと、やってみたい……」と、私は常々思っているのです。

が、しかし。そこには大きな問題があります。私は、お酒が飲めないのです。ドライ・マティーニと言ったら、非常に強いカクテルだと聞いています。バーにおいてマティーニを頼んだ人は皆、ガブガブと言うよりはチビチビ、飲《や》っているように見える。そんな強いカクテルを、それも大きなグラスで飲むというのは、私にとってはほぼ確実に不可能な行為であると言えましょう。

あるバーにおいて、映画で見る「ちょっと大きめのカクテルグラス」を見せてもらったことがあります。パッと見は、普通のカクテルグラスの一・五倍くらいにしか見えません。しかし実際に水を入れて測ってみると、大きめカクテルグラスは、何と普通のカクテルグラス三杯分の容量を持っている。

「こんなグラスでマティーニなんか飲んだら、腰が立たなくなりますよ」

と、バーテンダーさんは言いました。

でもそんなグラスでマティーニをあおるという映画の中の美女の行為は、自らのヤケッパチぶりをよく表わしている。日本の二時間ドラマでは、傷心の美女が日本酒や焼酎《しょうちゅう》をコップでイッキ飲みしたりしていますが、マティーニでのヤケッパチはあれとは全く違う、エレガントな感じ。

そんな折りも折り。とある友人が、

「素敵なアンティークを見つけたのよ。これなら、チョコレート入れても、お花を飾ってもいいでしょ？」

と、カクテルグラスを一個、プレゼントしてくれました。お酒を飲まない私はもちろん、酒器の類《たぐい》は持っていません。初めての「マイ・カクテルグラス」に、私の心は沸《わ》き立ちました。

私はそのカクテルグラスを前にして、考えました。「ドライ・マティーニをガブ飲みする」というのは体質上、不可能な夢ではある。しかし「カクテルグラスで何らかの液体を飲む」ということであれば、このグラスを使ってできるではないか！

ではこのグラスに何を入れて、飲もうか。ノンアルコールで、カクテルグラスに似合う飲み物となると……、これが無いのです。我が家の冷蔵庫を開けて探してみても、ウーロン茶では渋すぎるし、オレンジジュースでは子供っぽい。私はドライ・マティーニに憧れているわけですから、できれば無色透明の飲み物を入れてみたいのです。

スプライトのような炭酸飲料は無色だけれど、炭酸の泡がいかんせん、カクテルグラスにはそぐわない。となると残るは水、なわけだけれど……。

試しに私は水道水をカクテルグラスになみなみと注ぎ、飲んでみました。「ヤケになった美人女優」のムードを出して、イッキ飲みもしてみた。しかしそれはいかんせん水、なのです。チビチビ飲もうとイッキに飲もうと、ちっとも色っぽくないし、お腹がポチャポチャするばかり。空虚な気持ちが広がります。

これと似た思いを、以前も感じたことがありました。あれは私が中学生の頃。「哺乳壜《ほにゅうびん》」

というものに憧れたことがあります。赤ちゃんが哺乳壜からミルクをちゅうちゅう吸っている姿を見ると、やけにおいしそうに思える。息つぎも忘れて哺乳壜に吸い付く赤ちゃんを横目に、「私もアレ、やってみたーい！」と思ってしまったのです。

早速、スーパーのベビー用品売場で、哺乳壜を購入した私。最初は「これで何を飲むべきか」で少し悩んだのですが、「やっぱりこの場合は牛乳でしょう」と、冷蔵庫から牛乳のパックを出して、注ぎ込む。そしていよいよ、念願の哺乳壜に吸い付く瞬間が……。

ところが、実際に哺乳壜を吸ってみての感想は「これのどこが楽しいのだ？」というものでした。哺乳壜を吸っている赤ちゃんというのは、何かもう陶酔しきったような表情を見せるのでさぞや甘美な吸い心地だろうと思っていたのに、実際に吸ってみると、ゴムの乳首の先端から「しゃーっ」て感じで牛乳が細々と出てくるのみ。それは、どこか情けない感触なのです。

期待しすぎた私もいけなかったのだと思います。私は、「哺乳壜を吸う」＝「麻薬を吸うくらいキモチいい」、と妄想を膨《ふく》らませていた。しかし大人にとっての哺乳壜は、「吸い足りねぇ」という感想を抱かせるのみ。

それでも、ジュースだのお茶だの、色々な飲み物を哺乳壜で摂取してみた私なのですが、中身をどう替えてみたところで、思い描いていたような快感は得られない。そのうち冷静になって、「中学生のアタシが哺乳壜で飲む」姿を想像してみたところ、「ゲッ、不気味」と一気に熱は冷め、哺乳壜は捨ててしまったのですが。

やはり飲み物の「器」というのは、身の程に合ったものでないといけないようです。赤ん坊がほの温かいミルクを飲むからこそ、哺乳壜は生きる。そして美人女優が美しい指でつかむからこそ、カクテルグラスは輝く。もう大人になってしまった者は哺乳壜で飲んではいけないし、お酒が飲めない人がカクテルグラスを手にしても、何らウットリした気分になることはできないのです。

自分には湯呑《ゆの》み茶碗《ぢゃわん》しか似合わないのかと思うと、少し哀《かな》しい私。今でも夢を捨てきることはできず、たまにコッソリと、リンゴジュースなんかをカクテルグラスで飲んでみることもあるのですが……。やっぱり夢は夢、でしかないのでした。

キッチンの未決箱

とある土曜の昼下がり。ものすごく暇だったので、柄にもなく「冷蔵庫の整理でもしてみっか」と思い立ちました。

買ってから四年の、我が冷蔵庫。さほど大きなものではないけれど、奥の方に進むにつれ、「なんだコレ？」「あっ、そういえばこんなものが！」といった食品が累々《るいるい》と横たわっているのを発見していきます。「うーむ、そういえばこれは前の彼が好きで買っておいたものだったっけなぁ」などと、自分の過去をも振り返ることができ、冷蔵庫には人生が詰まっている……と、しばし感傷に耽《ふけ》ったりしてみたわけですが。

よく、会社のデスクに「未決」と「既決」に分けた書類箱が置いてあるのをドラマで見ますが、冷蔵庫というのはキッチンにおける未決箱、なのだと私は思います。食品を買ったりもらったりしたら、とりあえず放りこんでおく。手のつけやすいものだとすぐに食べてしまい「既決」行きとなるのですが、「どうやって料理したらいいかわからないもの」とか「イマイチ好きじゃないもの」は、いつまでも放置され、次第次第に「未決」の箱の奥へと入りこんでいく。そしていつの間にか、仕事の提出期限ならぬ食品の賞味期限はきれており……。

この度《たび》私は、その手の食品を全てスッキリ、処分いたしました。一昨年、誰かから旅行のお土産としてもらった佃煮《つくだに》。半分くらい使ったまま、口のところがガビガビに乾燥しているチューブ入りのカラシ。芽が出まくっているジャガイモ。東南アジアで買ってきた謎のお菓子……等々。

冷凍庫を開けてみると、そこは冷蔵庫よりもさらに謎だらけの、魅惑のワンダーランドと化していました。いつ冷凍したのだか不明の、肉が少し。いつ冷凍したのだか不明の、トマトの水煮が少し。食べかけのカップ入りアイスクリームが少し。明太子《めんたいこ》が一腹。納豆一カップ……と、「そのうち食べるだろう」と信じて冷凍した残り物の食品が、出てくるわ出てくるわ。

冷凍庫に食品を入れる時、私はいつも「仕事の締切りの期限が延びた」という知らせを聞いた時のような気分になります。目の前にナマの肉があると、まるで急ぎの仕事がある時のように「早く食べなくては！」とせっつかれるような気持ちなのですが、その肉を冷凍庫に放りこんでしまえば、一息つける。猶予《ゆうよ》を得た、という感覚なのです。

その「冷凍庫にさえ入れれば猶予がもらえる」という感覚は、私のような怠惰かつ物忘れの激しい性格の者にとって、甘く危険な罠《わな》となります。冷凍用に厳重にラップで包んだ食品は、パッと見ても何だかわからず、さらには「冷凍庫は、長い間開けておくと温度が上がってしまうからいけない」という思いもあるため、よく調べることもしない。結果、「何だかよくわからないもの」がぎっしり詰まっている、ということに。

今回、思い切ってそれらを処分した結果、冷蔵庫及び冷凍庫の内部は、非常にスッキリとしました。置いてある食品は、全て出自がはっきりとしたものばかり。「これって食べても平気なのだろうか？」と思ってしまうようなロシアン・ルーレット的食品は、一掃《いっそう》されたのです。冷蔵庫内は実にシンプルに、ほとんど「閑散」と言っていいほどに整理された。

が、しかし。私はここで、少し寂しい気分になったのです。会社のデスクにある「未決」「既決」の、箱。あれも、未決の箱がガランとしてしまったら、デスクの持ち主は寂しい気持ちになるのではないか。サラリーマンは、実は未決箱にいつも書類が山積みになっているという状態が、嫌いではない。そんな状態があるからこそ、

「いやーもう忙しくってさぁ……」

と、「私は常にやるべき仕事を山と抱え、会社に十分貢献しているまっとうな会社員なのである」という顔をすることができるのではないか。たとえ未決の箱に入っている書類の用件が、ただ判さえ押せばよいようなものだったとしても。

同じように冷蔵庫という箱も、それが腐っていようと乾いていようと、ただ食べ物が常に

いっぱい入っていさえすれば、持ち主は安心することができるのです。たとえばテレビ番組で、単身者の冷蔵庫の中を見ると、

「なーんも入ってないっスよ」

という説明の通り、牛乳とビールとチーズのかけらしか入っていない、というようなことがあります。そんなシーンを見て私達は、「あの人はまっとうな生活をしていない人なのだなぁ」なんて思いつつ、「あれに比べて私の冷蔵庫には、まぁ三分の一は得体の知れないものだけど、とりあえずギッシリ食べ物が詰まってるもんね」と、安心したりする。

そんな私は、冷蔵庫の中がガラガラになると、自分の「まっとうでなさ加減」が浮き彫りになってしまうような気がするのです。今もしも、

「おじゃまします！　隣の晩ごはん！」

と大きなしゃもじをかついでヨネスケがやってきて（私の知人の家にもやってきたのですが、あれって本当に突然来襲するらしいです）、

「どれどれ、ちょっと冷蔵庫見せてよ」

なんて言われたら、パンツを見られるより恥ずかしいと思う。

どの家にも、冷蔵庫の中に死蔵されている食品が、あるかと思います。主婦雑誌はいつも「無駄な食品をためないために・冷蔵庫スッキリ活用法」なんていう特集を、やっている。

が、「無駄」と思われている死蔵食品も、実は存在意義があるのです。つまりは背景役として「食べ物がいっぱい入っている冷蔵庫」を形成し、持ち主に「私は豊かな食生活を送っているのだ」という精神的安定を与える、という意義を。

冷蔵庫を整理してから、数週間。我が家の冷蔵庫にはまたそろそろ、手のつけられていない瓶詰、みたいなものがたまり始めています。が、「まぁこれは『必要無駄』というものであろう」と思いつつ、それらが奥へ奥へと入りこんでいくのを、黙認している私なのです。

つぶ餡とこし餡の内戦

食の好みのタイプを示す分類方法として、甘党・辛党というものがあります。私はといえば、お酒が全く飲めなくて甘いものが大好きという、完全なる甘党。

で、甘党の中を見ていくと、アンコ派とケーキ派に分かれたりもします。しかし実は「甘党の分類」は、ここで終るのではありません。同じ「甘党・アンコ派」の中に、はっきりと分かれた二大潮流があるのです。

それは、「つぶ餡《あん》」と「こし餡」、どちらが好きか、というもの。辛党の人からしてみれば、非常にささいな問題と見えるかもしれません。が、甘党の人間にとってこの「つぶ・こし問題」は、日本酒が好きかワインが好きかということと同じくらい、否、おそらくはもっと重大な案件なのです。

つぶ餡好きの人は、目の前にある饅頭《まんじゅう》の中がこし餡だと知った途端に眉《まゆ》をひそめ、

「えっ、じゃあいらない」

と冷たく言い放つこともある。また、こし餡好きの人は「アンミツにはどうあっても絶対

にこし餡でなければならぬ」と強いポリシーを抱いているので、ファミレスのアンミツに缶詰のゆであずきのような餡がのっていようものなら、

「こんなものはアンミツじゃねぇぇっっ！」

と、怒り狂う。

これは、つぶ・こし両者が非常に近い関係であるからこその、近親憎悪的な気持ちなのだと思います。甘党と辛党の関係であれば、両者が全く違うところに存在しているため、相手を攻める気にもなりません。対してつぶ餡とこし餡では、端から見ていればほとんど同じようなもの。だからこそ、相手の細かな差異が気になってしまう。

アンコ物のお菓子をどこかにお土産に持っていくという時は、ですから注意が必要なのです。自分が好きだからといって、つぶ餡のおはぎばかり持っていってしまうと、「アタシはこし餡のおはぎが好きなのに……」と声にならない恨みを抱く人が、どこかに必ずいるもの。おはぎや餡団子をお土産にする時は必ず、つぶ・こし両方を取り混ぜることをお薦《すす》めいたします。

ちなみに私は、こし餡が好きです。つぶ餡に対して敵対心を抱いているわけではありませんが、こし餡とつぶ餡が両方とも溺《おぼ》れかかっているところに遭遇したとしたら、こし餡を先に助けるであろうことは間違いない。

ざっと見回したところ、世の中には六対四くらいの割合で、「つぶ餡の方が好き」という人が多いような気がします。こし餡好きの方が少数派であるだけに、ふとした瞬間に、

「あなたもこし餡派？」

「えっ、あなたも？」

ということがわかると、妙に仲間意識が湧いてくるものです。さらには、

「えっ、じゃあ『練りきり』（白小豆のこし餡をベースにした〝こなし〟で作った上生菓子）も好きでしょう？」

「好き好き！」

と話を発展させ、連帯感を強める。

ではここで、「こし餡だろうとつぶ餡だろうと、たいした違いはないだろう」とつい思ってしまう辛党、もしくは外国人のあなたに、こし餡とつぶ餡、それぞれを愛する者の精神的背景の違いを、ご説明したいと思います。

甘味店においては、こし餡を使用したお汁粉を「御膳《ごぜん》汁粉」、つぶ餡を使用したお汁粉を「田舎汁粉」と称しています。小豆の粒がそのままに残っている餡というのは素朴で田舎っぽく、小豆を漉《こ》して皮を取り除くという作業を経てできるこし餡は殿様の御膳に出せるほどに上品だ、という意味合いなのでしょう。

ここで、「こし餡が好きな私は上品な都会人なんですオホホ」などと言うつもりは、毛頭ありません（ま、多少はその気もあるかもしれませんけどオホホ）。私が思うのは、この「つぶ」「こし」どちらを好むかによって、その人がものを食べる時に、何を重視するかが見えてくるのではないか、ということ。

私は、こし餡の舌触りを、愛します。餡を口に入れた時、舌乳頭《ぜつにゅうとう》と舌乳頭との間に、小豆を構成する極小の粒子の一つ一つが入りこむあの感覚に、陶然となる。もしも目の前にこし餡の山があったとしたら、思い切りその中に舌を差し入れて、牛タンの味噌漬けみたいな感じで、舌をこし餡で包み込んでみたい。顔全体をこし餡で包む「こし餡パック」も気持ちが良さそう。いやそれならば「こし餡風呂」を作って、頭のてっぺんから足の先まで、こし餡に包まれてみるというのもいいのではないか……。などと、妄想が広がるわけです。

対してつぶ餡派というのは、おそらく「つぶ餡風呂に入りたい」とは思わないことでしょう。つまり、「食感」よりも「味」を重視するタイプなのではないか。つぶ餡は、小豆の皮が舌に触りはするけれど、皮が持っている味や風味をより深く味わうことができる。「豆を食べている！」という実感を、持つことができるのだと思います。

そういえば私は、豆腐も「木綿漉し」より「絹漉し」が好き。唇にツルツルの表面が触れた時の感じ、キッチリと立った角を舌でなぞる感じが、イイからです。対して豆腐の味にうるさい通の人達は、たいてい木綿漉しを好むもの。

そういえば、フロイト関係の用語に「口唇期《こうしん》」とか「口唇性格」といったものがあったかと思います。口唇性格とは、おっぱいを吸うなどの、唇から快感を得ている乳児期の気分のまま大人になっちゃった、みたいな意味だったと思うんですけど。

そしてふと気がつけば、食物の「口唇触り」が気になってしょうがない私は、他人に頼るの大好きなどうも大人になりきれない甘えん坊さん。対して、つぶ餡を好む人には立派に自立した大人が多いような気が……。

というわけでつぶ餡派とこし餡派は、同じ「甘党」仲間とはいえ、元々の出自が違うと言っても過言ではありません。両者間の溝は、アンミツにおける黒蜜《くろみつ》派と白蜜派との間にある溝より、さらに深く、暗い。お互いの差異を認めた上での平和的共存が、これからも続くことを祈ります。

鍋物豆腐不要論

豆腐というのは、大変に便利な食材です。「あともう一品」という時に、豆腐はいつも快く、その力を貸してくれる。

たとえば「今日の夕食は、冷凍してあるアジの干物に、ほうれんそうのお浸しの残り物で簡単に済ませよう」なんていう時。そんなちょっと寂しい食卓も、豆腐を買ってきてネギと鰹節《かつおぶし》をふりかければ、見場《みば》はグンと良くなる。

ここで「もう一品」として「コロッケ」を登場させると、主役としてのアジの干物の立場が揺らいでしまう上に、カロリーも気になる。では「筑前煮」はどうかと言えば、栄養価は高いかもしれないが作るのが面倒。そんなわけで豆腐は、「買ってきてすぐ食べられるのに、『出来合いのものを買う』という罪悪感からは逃れられる食材」として、非常に有用なのです。

また、ちょっと豪華版の夕食を作るという時。動物性蛋白質《たんぱくしつ》のおかずは、肉系と魚系、各一種。野菜料理も、二種類。「でも、両者の間をつなぐちょっとした何かが欲しい……」と思った時に、登場するのが、豆腐料理です。野菜とも肉ともつかないあの存在感は、食卓における中立地帯としての役割を果たしてくれるのです。

が、豆腐はその存在感が曖昧であるが故に、時として苦境に立たされることもあるものです。

それは、鍋物の時。鍋物と言えば、豆腐はつきもの。ではあるのですが、最後に残ってしまいがちなものも、豆腐なのです。よくありますね、最後におじやを作る時となって、

「誰か、このお豆腐食べちゃってよ！」

と邪魔者扱いされることが。そういえば実家で鍋物をする時は、豆腐の残りやすさを考慮した上で最初から、

「豆腐は一人二個がノルマですから、必ず食べるように」

というお達しが出る。もちろん、そのノルマは必ず達成しなければなりません。

なぜ鍋物において、豆腐は残りがちなのか。と考えてみると、やはりその中立的な感じが原因なのではないかと、思うのです。鍋物というのは、主従関係が非常にはっきりした食べ物です。フグ鍋であったら、主はフグ、野菜は従。鶏《とり》の水炊《た》きにおいても、主は鶏で、野菜は従。つまり動物性蛋白質素材が頂点にいて、あとの材料は全て、その下僕として存在しているのです。

そんな下僕達も、鍋の中では重要な役割を担っています。鍋というのは、普段はとかく野菜不足になりがちな人でも、野菜を手軽に摂《と》ることができる料理。フグだけ、鶏だけ、といった鍋では面白みがありません。野菜があるからこそ、フグも鶏も、生きるというもの。

では、豆腐の立場は……、と考えてみると、これが微妙なのです。何ていうか、本当に豆腐が必要なのではなく、単に賑《にぎ》やかしのためにいるだけのようなムードがアリアリ。鍋の材料をザルの上に並べた時の、「色々ある感じ」を演出するためだけに存在しているのでは、という疑念が、湧いてくるのです。

実際、鍋を食べる時に私達は、豆腐に対してほとんど思いを馳《は》せません。フグ鍋であったら、まずは「フグを食べなくては」と思う。バランスをとるために、「野菜も野菜も」と思う。そこに、豆腐が入りこむ余地は無いのです。また豆腐は、鍋材料の中ではずっしりとした質量を持っているものであり、「豆腐で無駄にお腹をいっぱいにしてしまっては面白くないしなぁ」みたいな思いもあって、いつの間にか箸《はし》が遠退《とおの》いていく。

そうこうしているうちに、豆腐は鍋底で長い時間を過ごしてしまいます。そして誰の胸にも、「ああこの豆腐、もうスが入っちゃってるんだろうなぁ……」という思いが渦巻き、皆が見て見ぬフリをする、と。そしておじやの段階になって、もうスが入りまくって穴だらけになったような豆腐が引き上げられる、と。

ですから私は、豚肉とほうれんそうだけの常夜鍋《とこやなべ》など、「豆腐の入らない鍋」を食べると、非常にホッとするのです。つまり食べている間中、「豆腐、どうしよう」などと思い悩まなくてもいいから。

鍋物界における豆腐の、この存在感の薄さをどうしたらいいのか。と考えると私は、「鍋に豆腐は入れない方がいい」という結論に達します。極論のように聞こえるかもしれませんが、その方が確実に、豆腐のためになるような気がするのです。

豆腐はいつも、脇役的な立場にいる食材です。しかし実は豆腐は、地味ながら主役級の力を持っている。その証拠に、豆腐を主役に据えた鍋「湯豆腐」が立派に成立するのであり、湯豆腐においてであれば皆、喜んで豆腐を食べるのです。

それなのに、肉や魚といった派手な主役と、主役の力を持ちながら存在感の地味な豆腐を組ませて同じ鍋に投入するから、豆腐の個性が死んでしまう。

それは、ジャニーズの公演に演歌歌手を混ぜるようなものです。演歌歌手だって、じっくりと聞けば良い歌を歌うのに、ジャニーズのファンにとってはそんなものが目に入るはずがない。アイドルにだけひたすら声援を送り続け、演歌歌手は黙殺されてしまうことでしょう。となると鍋物において豆腐が余ってしまうのは、決して豆腐のせいではありません。それは、キャスティングのミスのせいなのです。

豆腐は、自らを主役とした湯豆腐の中でだけ、頑張っていただきたい。それは、コマ劇場における座長公演のようなもの。コマ劇場では、その演歌歌手の良さをちゃんと理解したファンが、温かい声援を送ってくれるはずです。

豆腐は、他の鍋の助っ人を一切しない方がいい。他の鍋にまで無理して登場し、結果的に残されてしまうのでは、豆腐の看板を汚すことにもなりかねません。

鍋物に豆腐が存在しなければ、食べる方も「豆腐を残してしまった」という罪悪感に見舞われることがなく、安心。そして湯豆腐というものを見直すきっかけにもなろうかと思うのですが、この「鍋物豆腐不要論」、いかがなものでしょうか。ま、「俺は鍋物の中の豆腐が大好きなのだ!」という方は、お好きにしていただいて構わないのですけれど、もちろん。

苺のトラウマ

新しい年が明けてしばらくすると、様々なケーキ屋さんやティールームにおいて、「苺《いちご》フェア」という行事がとり行なわれることになっています。フェアの期間中は、苺のタルト、苺のミルフィーユ、苺のクレープに苺のババロア……と、様々な苺モノが登場するのです。

「苺フェア」の文字を街で見つけると、いくら外では寒風が吹きすさぼうと、「ああ、春なのねー、らんららんららん！」という、ちょっと脳が減ったような気持ちになる私。そして苺フェア会場へと引き寄せられて、思わず苺のタルトなどをオーダーしてしまうのです。

が。苺モノを頼むとしばしば、私は非常に不機嫌になります。せっかくそれまで「らんららんららん」と、イイ気分になっていたのに、苺のタルトが運ばれてきた途端、

「なんじゃこりゃーッ！」

と、叫びたくなる。

私が不機嫌になる理由は何かと言うと、それは「苺の使い方がセコすぎる」というもの。

苺のタルトと言うからには、タルト生地の上に敷かれたクリームが隠れるほどにみっしり

と、まるごとの苺を惜しげなく並べなくてはなりません。もちろん、苺の頂点（とんがっているところ）を上にして。それが心ない店になると、半分に切った苺を、クリームの上に横に寝かせたりしている。さらに貧乏臭い店になると、苺半分どころか、フグ刺のように薄切りにして一枚一枚並べ、さらにその苺の刺身同士の間隔がスカスカに空いていたりする。

セコい！　セコすぎる！……私は、その手の貧乏臭いタルトを前にするともう、忿懣《ふんまん》やるかたない気持ちになる。これは、苺のタルトだけの問題ではありません。「そんなところでケチッたっていくらの儲《もう》けにもならんだろうよ」と思ってしまう事例は、他にも色々とあるのです。

たとえば、あんこでごはん部分を包むのではなく、ただ被せただけの、握り寿司《ずし》のようなおはぎとか。スパゲッティにものすごく少量しかかかっていないミートソースとか。そこには、「経費節減のために昼間はオフィスの電気を全て消す」的な、人々の意気を消沈させるみみっちさ感が満ち溢《あふ》れていて、哀しくなる。

「貧乏臭く作るが故においしい」という食べ物も、世の中にはあります。たとえばお祭りの夜店で買うヤキソバは、肉が少ないからこそゲスでうまい、とは思う。スキー場で食べるカレーライスだってあまり肉がゴロゴロ入っていたら気分は損なわれるかも、という気持ちも確かにある。

しかし「苺のタルト」、です。苺のタルトを食べようっていう人間は、「ゲスなおいしさ」を求めているわけではありません。「春だわ、赤くて可愛《かわい》い苺だわ。やっぱり多少高くても季節のお菓子が食べたいわ！」という、ちょっとマリー・アントワネットな気持ちが、そこにはある。「貧乏臭さ」は、苺のタルトの周囲には絶対に漂わせてはならない臭気なのです。

苺をケチってしまう気持ちも、わからないではありません。かつて日本において、「苺がのっているケーキ」といえば、ショートケーキしかありませんでした。純白の生クリームで飾られたケーキの上に、真っ赤な苺が一粒。その苺の存在はあまりに有り難く、聖なるものといった雰囲気すら醸《かも》し出されていました。あの聖性は「一粒であるからこそ」のものであり、一切れのケーキに二粒以上の苺がのるということは、絶対に無かったのです。

そんな「ケーキの上の苺」が、いかに貴重であったことか。子供の頃、兄に自分のショートケーキの苺だけを食べられてしまったりすると、私としては人生の目的を奪われたような気がして発狂状態。号泣しながら、ブッ殺してやろうかとすら思ったものです。

お友達のお誕生会に丸いショートケーキが登場したはいいが、「苺の数がその場にいる人数より少ない」などという非常事態が勃発《ぼっぱつ》したことも、ありました。そんな時は、

「誰が苺の無いところを食べるのか」

とか、

「一粒を半分に切ればいい」

とか、

「苺を買ってこようか」

とか、

「でも最初からのってた苺じゃないと嫌だ」

とかもう、上を下への大騒ぎ。

「私は苺、なくてもいいです」

なんていう物わかりのいいガキはいなかった。

別に、かつてのバナナやメロンのように、苺という存在自体が珍しかったわけではないのです。果物として「苺を食べる」という時は、自分の苺が他人の苺より一粒や二粒少なくたって、別に不満はなかった。ただケーキの上にのってしまうと、急に苺は教会における十字架、寺における仏像のような存在感を帯び、「一人一粒」を死守せずにはいられない。これはもう、ショートケーキで育った日本人にとっては業《ごう》のようなものなのだと思います。

今、ケーキ屋さんが苺のタルトにのせる苺をついケチッてしまうのも、私がそのことに対して憤《いきどお》りを覚えるのも、根は同じところにあるのでしょう。つまりいくら「パティシエ」みたいな洒落《しゃれ》た職業名であったとしても日本育ちのケーキ屋さんは、その精神の奥深いところに「ケーキにのせる苺は一人一粒！」という刷り込みがある。だからふんだんに苺を使うことにタブー感を覚えてしまうのではないか。そして私は、「万が一にもこれを奪われたら後が無い」という「一人一粒」状態にいつも戦々兢々《せんせんきようきよう》としていたから、「もっと思う存分、ケーキで苺を食べたい！」という潜在的な、そして非常に強力な欲求を持っている。

苺のタルトの質も、ずいぶんと向上してきた昨今。私が思い描く理想の苺のタルトも、そこここでみかけるようになりました。しかしまだまだ、「貧乏臭い苺のタルト」は撲滅《ぼくめつ》されていない。

不況とはいえ一応は先進国と言われる日本なのですから、せめて苺のタルトくらいケチケチせず、苺をテンコ盛りにしてほしい。そしてそろそろ、日本人の「苺のトラウマ」を断ち切ってほしいものだと、思います。

ぽん酢・ゴマだれ、究極の選択

私は基本的に、しゃぶしゃぶが好きなのです。たまに「しゃぶしゃぶでも喰うか」みたいな話になった時は、非常に嬉しい。ドーナツ状のしゃぶしゃぶ鍋に湯が沸き、美しくサシが入った極薄の肉が皿に並んでいるのを前にすると、胸が躍るような興奮を覚える。そして、〝喰ったるでー！〟と気合いが漲《みなぎ》ってくる。

が、しかし。しゃぶしゃぶを食べ終った後、私はなぜかいつも、物足りないような気分を抱えることになるのです。好きなしゃぶしゃぶをたらふく食べてお腹がいっぱいだというのに、これはなぜなのだ……？

と考えてみたところ、わかりました。しゃぶしゃぶがもたらす不足感、それは常に目の前に二つの選択肢が存在することによって発生する、〝私は本当にこれでよかったのであろうか〟という不安感から来る欲求不満、なのではないでしょうか。

選択は、しょっぱなから始まっています。しゃぶしゃぶを食べさせる店というのは往々にして、すき焼きも食べさせる店であることが多いものです。客達はそれぞれの好みに合わせて、すき焼きかしゃぶしゃぶかを選ぶことになる。

たとえ最初から「しゃぶしゃぶを食べる」と決めている時も、私はここでいつも一回迷ってしまうのです。隣のブースで食されているすき焼きが妙においしそうにも思え、

「すき焼きもあるけど、どっちがいい？」

などと、同行者に尋ねてしまう。

私が本当に食べたいのはもちろんしゃぶしゃぶであり、最終的にはしゃぶしゃぶを注文するのです。が、しゃぶしゃぶを食べながらも、ふと思ってしまう。〝もしかしたら、すき焼きの方がおいしかったのではないか……？〟と。

たとえすき焼きに対する不安が解消されたとて、しゃぶしゃぶを食べている間中、私達はぽん酢かゴマだれかの選択をし続けなくてはなりません。ぽん酢で食べている時は〝ぽん酢は、確かにおいしい。でももしかしたらゴマだれの方がこの味を超えるおいしさなのではないか〟と思い、「それでは」と次の肉をゴマだれで食べてみればそれもおいしくはあるのだけれど完璧《かんぺき》ではないような気持ちになり、〝やっぱりぽん酢の方がよかったのでは……〟と思ってしまう。

これは、「たれ」というものが非常に微妙なバランスの上に成り立っている調味料である、という部分に端を発する問題ではないかと思うのです。

おそらく私達の中には、自らが最も慣れているぽん酢やゴマだれの味、もしくは自らが理想とするぽん酢やゴマだれの味のイメージというのが、存在するのだと思う。しかしたれというのは、塩や醬油といった基本的な調味料と違って、店によって様々な工夫がこらされているために、味の振れ幅が意外と大きい。その店の味が、自らの中にある基本もしくは理想のたれの味と少しでも違うと、私達はつい違和感を覚えてしまう。結果、「ぽん酢の方が……」「ゴマだれの方が……」と、右往左往する、と。

酸っぱいのが嫌いだからゴマだれでしか食べないとか、ゴマだれはしつこいからぽん酢でしか食べない、という人も中にはいます。両方とも同じくらい好きな私は、その手の人を見ると〝もったいない……〟と思うのです。が、〝豆腐はどちらで食べるべきか？〟とか〝いっそのことぽん酢とゴマだれを混ぜてみたらどうなるだろう？〟などと食べている間中ずっと煩悶《はんもん》している自分を見ると、一種類のたれに決めている人は、とても賢く、かつ潔い人のようにも思えてくる。

私の迷いが頂点に達するのは、肉が最後の一枚になった時です。最後なのだから、決して後悔はしたくない。とことん満腹感を得るためには、コッテリ系のゴマだれに浸す方がよいのか。いやしかし、後味よくサッパリと終るならぽん酢。……と、これぞ究極の選択。最後の肉を食べつつ、やはり私は思うのです。〝本当に、これでよかったのか〟と。その

上、最後になってまで、

「ごはんと中華麵、どちらになさいますか」

とか、

「デザートは果物か抹茶アイスか柚子《ゆず》のシャーベット、どれになさいますか」

といった選択場面に次々とさらされると、いい加減疲れてくる。〝お願いだから、もう私に何かを選ばせないで〟と、牛丼屋《ぎゅうどんや》さんに駆け込みたくなってくるのです。

選択という行為に対して私が感じるこのプレッシャーは、世代問題にも関係しているような気がします。いわゆるバブル世代でかつ雇均法世代である私には、上の年代の人達に比べると、人生の様々な場面において、実にたくさんの選択肢が用意されていました。学校も仕事も恋愛も、また結婚するかしないかとか子供を産むか産まないかも、何を選ぼうとOKといった風潮の中で、大人になったのです。

選択肢が多いということは非常に恵まれたことではありますが、同時に本人の責任がそれだけ重いということでもあります。誰かから強制された道であれば、何か嫌なことがあれば「私のせいじゃないのに」と言うことができるけれど、自分が選んだ道を歩んでいるからにはグチも言えない。そして私達は人生で様々な選択をした後で常に、〝自分は本当にこれでよかったのだろうか？〟〝あの時、ああしていればよかったのでは？〟という自問自答をするようになった。

しゃぶしゃぶを食べていると、私はそんな気分を思い出すのです。すき焼きを選択すれば確実に〝しゃぶしゃぶにすればよかった〟と思うに違いないのに、それでも〝すき焼きもよかったかも〟と思い、ぽん酢で肉を食べながらゴマだれにも思いを馳せる。それは、〝あの学部にしておけばよかったか？〟〝あの時あの人と付き合っていたら？〟といった、自らの過去における「選択時の迷い」を髣髴《ほうふつ》とさせるのです。

しゃぶしゃぶ屋さんを出た時、満腹感の中に漂う〝私の選択は、全て正しかったのであろうか〟という茫漠《ぼうばく》とした、不安。もしかしたら人生を終える時、薄れゆく意識の中で〝私の人生、これでよかったのだろうか〟と思う時の気分というのはあんな感じなのではないかと、私は思うのでした。

「無駄海老」がある限り

日本人は、海老《えび》が大好きな民族なのだそうですね。確かに、天婦羅《てんぷら》は海老が無くては始まらないし、中華料理屋さんに行ってもついつい海老のチリソースを頼んでしまうし、結婚披露宴に行けば伊勢海老が真っ二つになったものが出てくるし。日本における海老消費量が、世界の中でもトップだというのも、納得できるところです。

私も、海老が好きな典型的日本人の一人です。海老のグロテスクな形状を冷静に眺めていると、「よくこんなものが食べられるなぁ」と思い、さらに「なぜ海老が好きなのか？」と改めて問われると答えに窮する味でもあるのですが、海老が出てくると何となく心が躍る。ま、それも私が「日本人だから」なのではないかと思うのですが。

しかし私、日本人が消費している海老の中には、ある割合で確実に「無駄海老」ってやつがあるのではないかと、思っております。

「無駄海老」とは、何か。と言うと、つまり天婦羅とか海老チリのように、海老そのものを料理として食べるのではなく、「この料理は豪華だ、ということを知らしめるためだけに、特に必要性も無いのに添えられている海老」のことです。

たとえば、会議や会合の時に出てくる、お弁当。それは塗りのお重に入っていて、「コンビニ弁当やホカ弁とは違うんです」ということを食べる者に対してアピールします。さらにお弁当の豪華度を示すために存在するのが、お煮しめの中の殻つき海老一尾。

ひらがなの「つ」の形で横たわる赤い茹《ゆ》で海老は、確かにお弁当の色彩を豊かにします。何となく目出度《めでた》い感じや贅沢《ぜいたく》な感じも、する。しかし食べる身になってみると、尾頭&殻つきの海老は、食べにくいことこの上ないのです。箸を置いて海老を剝《む》くことによって食事のリズムは崩される。手を汚して懸命に剝いて食べても、味的にはどうということはない。パサパサしてメシのおかずにもならん、という感じ。

お料理屋さんで買ってくるお正月のおせち料理にも、海老は必ず入っています。家で作るおせちには海老など入れませんから、大きくてテリの良い海老を見ると、「さすがお料理屋さんのおせち」という感じがするもの。

ですが、その海老は「目出度い正月」ということを示すためだけに入っているものなので、決しておいしそうではありません。結局、誰も積極的に食べようとはせず、一月三日になってもまだお重の中に残ったままだったりするのです。

海の幸が自慢の観光地における「海鮮ラーメン」とか、ちょっと値段の高い「おかめうどん」といったものにも、豪華さを示すために殻つき海老がのっていることがあるものです。が、麺類上の海老には、さらにイラつくもの。

麺類を食べる時は、速度との戦いなのです。悠長に海老の殻など剝いていては、麺がすっかりのびてしまう。結局「海老が邪魔だなーっ」とイライラしつつ、海老以外のものを食べ進むしかない。そして私は、殻つき海老を麺にのせる麺屋さんの見識を、疑うのです。

茶巾《ちゃきん》寿司の上にのっている小海老、お店で食べるそうめんにのっている海老などに対しても、私はいつも、「なぜ海老がここになくてはならないのだ?」という疑問を抱く者です。

黄色い卵に包まれた茶巾寿司の上に赤い海老というのは、彩り的には美しいかもしれない。ごはんに梅干し、ケーキに苺と、「食べ物の上に赤いものをのせたがる」性癖を持つ日本人としては、何にでも海老を添えたくなってしまう気持ちも、わからぬではない。

ですが茶巾寿司やそうめんの上の海老は、ごはんのおかずにもなり防腐作用も持つごはん上の梅干しや、食感および味に大きな影響を与えるケーキ上の苺とは違い、単なる添え物。海老が無くなったからといって、料理自体の味が変わるわけではなく、大勢《たいせい》には全く影響を与えません。

私としては、「何の役にも立たず、ただ添えられているだけ」の海老に対し、腑甲斐《ふがい》なさを感じるのです。そこにはどうしても海老でなくてはならないという理由などなく、ただ

「慣例に従い、海老を置いてみた」という感じ。本来海老が好きである私としては、「貴重な海老をこんな風に使っていいものか！」という義憤様の感情に包まれるのです。

価格的豪華さを示すためだけに存在する海老、ただ彩りを添えるためだけに存在する海老。日本におけるこれら「無駄海老」消費は、相当な量になるものと思われます。そして、この無駄海老のために、本当に海老を楽しむための料理における海老を、ケチケチせざるを得ない状況になっているのではないか。無駄海老を減らせば、一口食べてもまだ海老本体に届かないような、衣だらけの「天婦羅そばの海老」も、もっと大きいものを使うことができるようになるかもしれない。いつも「喰い足りない」と思う海老チリソースの、一人あたりの海老配分数だって、もっと増えるかもしれないのです。

……しかしこれは、不粋《ぶすい》な考えなのかもしれません。私からすれば無駄としか思えない「添え海老」は、実は日本人の心の平安を保つのに、大きな役割を担っている可能性も、否定できないのです。

つまり、弁当を開いてそこに赤い海老があったり、茶巾寿司の上に海老がのっていたりすることによって、日本人は「ああ、今日も私達は赤い海老が食べられるような豊かな食生活を送ることができているのだなぁ」という安心感を持つことができる。添え海老とは、他に何の役割を果たさずとも、ただそこにあるだけで安心できるという「象徴」としての務めを果たしているのではないか。

確かに、「何の役にも立たないから」といって、部屋の中にある置き物を全て捨ててしまったら、寂寥《せきりょう》感が漂うでしょう。同じように、全ての添え海老を排除してしまったら、日本の料理からは、華というものが失われるのかもしれない。

茶巾寿司の上にのる、海老。ただ赤いことだけに意味を持つ海老ではあるけれど、あの海老がある限り、私達の生活は平和で安寧、と信じるべきなのかもしれません。

「粒モノ」と理想のサイズ

旅先の宿で、布団に横になった時。枕《まくら》の高さがいつもと違うために、何だかものすごい違和感に襲われることがあります。私達の肉体は、宿の枕と家で使っている枕の微妙な高さの違いを、敏感に察知する能力を持っています。出張や旅行にいちいち自分の枕を持っていく人というのは、非日常的な枕に馴染《なじ》む能力を持たない人なのでしょう。

また私は先日、「結婚以来、初めて浮気をしてしまった」という女友達と話す機会があったのですが、彼女もしきりに浮気相手の肉体に対する違和感というものを強調していました。つまり、

「腕を組んだ時、その腕の太さが夫と違ったり、抱き合った時、自分の手が相手の胴体に巻き付く具合が夫と違ったりすると、何だかすごく罪悪感が湧いてくるのよぉ。ま、そこがドキドキするところでもあるんだけど……」

と言っていた。

そう、人間は、色々な面において「慣れ親しんだサイズ」というものを持っているもので

す。お風呂場に置いてある洗面器の大きさ。階段の高さ。鉛筆の太さ。……それぞれのサイズがいつもよりほんの少し違うだけでも、私達はどこか安心できないような気持ちになる。「大きさ」を察知するのは、目や手だけではありません。実は私達の口も、「サイズの違い」問題には敏感な器官なのです。

それは私がいつも行くスーパーで、四パック百四十八円という特売の納豆を購入した時の話です。いつも買う納豆とは違うメーカーのものではありましたが、私は「安いなぁ」と満足して、納豆を買って家に帰りました。

いつものようにネギを刻み、添付されているたれとカラシを混ぜ、グルグルとかきまわしてごはんにのせて一口食べたその瞬間。私は激しく、

「違う！」

と思った。いつも食べている納豆と、粒の大きさが微妙に異なるのです。

私は、納豆の粒は小さければ小さいほど良い、という主義を持っています。ですからその特売の納豆を買った時も、「小粒」の表示はちゃんと確かめた。だというのに特売の納豆は、いつも食べる納豆よりもほんの少しだけ、粒が大きいのです。

そういえば私がいつも好んで食べている納豆は、ごはんの粒よりもほんの少し大きいくらいの、「極小粒」と表示されているものだった。それくらいの大きさだと、ごはんと一緒に

口に投入しても混ざりが非常にスムーズで、両者を一緒に咀嚼《そしやく》することができるのです。今回の納豆は、それよりも少し大きかった。ですからいつものように嚙《か》むと、納豆だけが上の歯と下の歯の間をすり抜けてしまうのです。で、納豆だけが口の中に残ってしまって、釈然としない。

「しまった、身体に合わない納豆を四パックも買ってしまった……」

と後悔するも、時すでに遅し。私はあと三パック、違和感を覚えながら納豆を食べなくてはならなくなってしまいました。

あまりに波風の無い日常生活というのは、時として「日常の有り難み」を忘れさせてしまうものです。そして私の納豆生活も、今まであまりに平穏無事すぎた。だからこそ、「毎回同じ大きさの納豆を口に入れることができる有り難み」を、私はすっかり忘れていたのです。たとえば小指に怪我《けが》をしてしまうと、「小指一本が使えないだけで、生活がこんなに不便なのか！」と驚いたりしますが、同じように納豆の粒が少し大きいだけでも、納豆生活にはものすごい波風が立つのですね。

冷静に考えてみれば、納豆というのは人によって大きさの好みが異なる食べ物なのでした。スーパーの納豆売場に行ってみれば、たかだか納豆だというのに、やけに広いスペースを取っているもの。それというのも、納豆がよく売れるからというだけでなく、ひき割りだの小粒だの黒豆だの、やたらにたくさんの種類が出回っているからなのです。

納豆事情をよく理解してらっしゃらない西日本方面の方は、

「そんなに小さな粒が好きなのであれば、ひき割り納豆でもいいではないか」

とおっしゃるかもしれません。しかし「納豆の舌触り」にこだわる東日本の人間にとってみれば、ひき割り納豆はまた、普通の納豆とは全然別種の食べ物なのです。

私がなるべく小粒の納豆を求めるのは、納豆とごはんという全くの別物が、口の中で仲良くしているその融合した感じが舌に心地よいから、です。しかしひき割り納豆には「角」がある。角の無いごはんと混ざると、納豆の角ばかりが舌に当たり、調和が取れません。「たまには……」などとひき割り納豆を食べてしまうと、やっぱり「いつもの感触とは違う！」という拒否反応を起こすのです。

どうやら私の場合、口の中に入れる「粒モノ」はなるべくごはんのような形状であってほしい、という欲求をどこかで持っているようです。子供の頃からひたすらごはんを食べ続けているからこそ、ごはんくらいの大きさの粒々を舌に触れさせるという行為が、安心感を呼ぶ。「つぶつぶ喰うならごはん大」というプログラミングが、身体の中になされているのではないか。

私はお寿司のイクラが割と好きなのですが、それもおそらく、イクラの一粒の大きさがごはん一粒とさほど違わないからなのではないかと思います。数の子やカニ子のお寿司もありますが、ああなると粒が小さすぎて、どうもごはんとの融合感を上手《うま》く味わうことができず、不満が残る。

そういえば子供の頃は、「チョコベビー」というものも好きでした。これは米粒大の極小粒のチョコレートで、ザラザラと口の中に投入して嚙みしだく感覚がよかった。同じような形状のガムもあって、もちろんそちらも好きでしたし。

おそらく私は、味よりも形状に、日常性を感じるタイプなのです。遺伝子組み換えとかクローンとか、様々な食物製法が出てきた昨今ですが、私のような者のためにもくれぐれも、米とか大豆とかトウモロコシといった「粒モノ」の、一粒の大きさだけは、変えないでほしいものです。味は多少変わってもいいですから。

「失恋レストラン」の役割

最近、我が家は「失恋レストラン」と化しています。この春はなぜか身の回りに失恋をした人が続出し、彼等が私の家でごはんを食べていく機会が多かったのです。

失恋をすると普通、人は食欲を無くします。普段の食欲が嘘《うそ》のように食べられなくなるので、「失恋ダイエット」を試みた方も少なくないことでしょう。さらには、「寂しくて一人ではいられない」という状況にもなる。

そこに登場するのが、我が家のような「失恋レストラン」なのですね。こんな時、ラブラブのカップルが住むような家に行ってしまうと、失恋者はさらにドップリ落ち込んだりするのですが、幸いにして我が家は女一人暮らし。失恋者が羽を休めるのにちょうどいい場所なのです。

我が「失恋レストラン」のシステムは、ちょっと変わっています。一応私は失恋レストランのマスターなのですが、食事は私が作るのではなく、失恋者に作ってもらうのです。そして私は、作ってもらった食事を、一緒に食べる。

失恋者に対してはもっと優しくしてあげなくてはいけない、料理くらい作ってあげろ、という意見もありましょう。しかし、見ていると失恋者にとって「料理」は、精神安定のためにとても良く効《き》く作業のようなのです。

失恋でなくとも、何らかの理由によって精神的な傷を負ってしまった人というのは、とにかく何も手につかなくなってしまうことが多いもの。新聞を読むとか洗濯をするとか、その手の日常的な行為すら、ままならなくなってしまう。もちろん食欲もありませんから、料理などという面倒なことを自分だけのためにする気になど、全くならない。

私が精神的にドカーンと落ち込んでいた時も、そうでした。どうしても誰かと外食しなければならない時は、食べた後に家に帰って吐いてしまうほどの状態だったので、もちろん家では食事のことなど、ぜーんぜん考えられない。しばらくは包丁に触れもしなかった。

ところがそんな時も、「家に誰か来る」となると、料理をする気になるのです。他人のためなら、作ろうと思うし、不思議なことに落ち込んでいても料理をしている間だけは、少しだけ心がスッキリするのです。客が帰った後はまた寂しくなるのだけれど、その時は「ふむ、料理というのは落ち込んでいる時に良いのだな」と思った次第。

料理がなぜ精神に効《き》くのか。と考えてみると、おそらく「一心不乱になる」からなのだと思います。料理というのは、意外と集中力が必要な作業です。野菜の皮を剝くとか刻むとか粉を練るとか裏ごしするとか、それら一つ一つの作業に集中している時だけは、心の中から悩みや苦しみを押し出すことができるのです。私が思い切り凹《へこ》んでいた時期というのも、一回、二回と料理をする度に、「あっ、段々と癒《い》えてきた感じがする……」と思うことができたものでした。

しかしまぁ、人の心というのは意外と弱いものでいてまた、意外と強いものでもあります。現在の私の心はガッチリ回復し、頑強と言っていいほどに丈夫。かつては一瞬「アタシはこのまま痩《や》せ細って死ぬんじゃないか」と心配してみた食欲なども、今やありすぎて困るほど。そしてこれは神様の采配《さいはい》かどうかはわかりませんが、そんな私の周囲には今、失恋者が存在する。

一人でいたら食事など摂らないであろう失恋者は、私の家でごはんを作ってくれます。にらだの白菜だのをみじん切りにして、挽肉《ひきにく》やニンニクと一緒にボウルの中で混ぜる。そして女同士、ひたすら餃子《ギョーザ》の皮で包む。包む。包みまくる。大量の餃子が完成した時、彼女の心は少し晴れていた、かどうかはわかりませんが、少なくともヒダヒダを寄せながら餃子を包んでいた時だけは、心の中の重い石が一瞬、外れていたのではないか。余った餃子はもちろん、しっかり私が冷凍し、次の週に食べさせていただきましたが。

失恋者にごはんを作ってもらっているだけでは、失恋レストランの機能は十分とは言えません。失恋者にとって何より必要なのは、「胸の内を吐露《とろ》する」という時間。ごはんを作りながら。そしてごはんを食べながら。マスターである私は、失恋者のお話を、フムフムと聞く。

失恋者というのは食欲不振なので、あまり箸は進みません。その上、

「それでその時にね……」

みたいな話をするのに忙しいので、ますます食べない。いきおい、

「はぁ」

とか、

「ほう」

などとあいづちだけうっている私は、一人でガツガツ食べることになるのですが、それはまぁ失恋レストランのマスターの役割というか、責務のようなものでしょう。

かつて私は、失恋直後の人と一緒に食事していたのに、相手が落ち込んでいるということに全く気付かず、

「あれー、何で食べないのー?」

とか、

「もっと食べなよ」

などと無神経なことを言いまくっていたことがありました。が、本当に落ち込んでいる人にとって最も大切なのは「話を聞いてもらうこと」であって、「食べること」ではなかったのでした。あの頃の私は、まだまだ失恋レストランのマスターとしての技量に欠けていた。

失恋レストランにやってくるのは失恋した人だけとは限らないので、マスターは臨機応変な対応をしなくてはなりません。失恋の場合は一日や二日食べずとも何とかなりますが、大人の悩みは根が深く、先が見えないこともある。そうなるともう体力勝負なので、

「とりあえず食べろ！」

とすすめることも重要になるのです。

こちらが落ち込んだ時はあちらが元気で、あちらが落ち込んだ時はこちらが元気に。ということで、失恋レストランのマスター役は持ち回り。「涙忘れるカクテル」（ｆｒｏｍ「失恋レストラン」ｂｙ清水健太郎）なんていうものが、本当にあるとよいのですけれど。

糖分過剰摂取の快感

先日、屋久島へ旅行をしてきました。屋久島といえば屋久杉、そして屋久杉といえば縄文杉。ということで、縄文杉見物は、屋久島観光における目玉のような存在です。

が、しかし。縄文杉というのは、実は歩いて往復十時間かかる山の中に存在しているのです。それを聞いた時、苦しい運動が大嫌いな私は、

「縄文杉ったってただの木じゃん……。いいよいいよ見なくても」

と言っていたのです。が、抵抗虚しく、

「せっかく来たんだしさぁ」

と言う同行者に、つい乗せられてしまいました。結局、小学校の遠足以来実に二十年以上ぶりに、山登りってやつをやる羽目になった私。普段、歩くという動作をほとんどしない私にとって、それは無謀とも言える挑戦でした。

往復で十時間の道程を日帰りするためには、朝の四時半に宿を出発しなければなりません。

私のリュックの中には、宿であつらえてもらった朝食分と昼食分のお弁当、それにチョコレ

ートや飴《あめ》なども入っています。

「遭難した人が、ちょっとずつチョコレートを食べて生き延びたっていう話もあるしね」

と、おやつ類は多めに用意したため、リュックはもうパンパン。

いよいよ山登りが始まりました。最初のうちはおしゃべりなどしながら歩いていても、勾《こう》配《ばい》が急になり、岩をよじ登るような場所になると話す元気も無くなり、ひたすら無言で足を運ぶのみとなる。

そんな中で救いとなったのは、やはり「食べる」ことでした。小休止した時に口に入れるチョコレートの、なんとおいしいこと。

時間が来たら食事をすることを繰り返す普段の生活において、飲食はほとんどルーティンワークのような感覚。しかし山登りでヘトヘトになった時に甘いチョコレートを口に入れると、「おお、私は今、身体が本当に必要としているものを摂取したのだな。そしてこの糖分が、私の力の源となるのだな」と実感します。飲食とは、舌を楽しませ、空腹を満たすためだけにするものではなかったのね……、と理解できるのです。

一個目のチョコレートを口に入れた時点で私は、「山における糖分摂取」の快感に取りつかれました。ちょっと疲れると、すぐにチョコレートや飴を口に入れる。島名産という黒砂糖の固まりも、ガシガシと噛み砕いた。で、「おいしーい」と陶然となって、また歩く……

の繰り返し。もちろん、朝のお弁当も昼のお弁当も、すっかり平らげましたし、沢に出くわす度に、その水を飲んだ。

チョコレートや飴や黒砂糖といった「糖分そのもの」系の甘味類は、カロリーを気にする大人としては、普段の生活であまり口にしないものです。ところが山においては、「私は登山をしている」という大義名分があるので、思う存分に食べることができる。普段は抑制している分、その解放感がとっても幸せ。

結果を言うと、私は樹齢七千年という縄文杉に見事、到着することができました。帰りもキッチリ歩いて、激しく疲労はしたものの、無事に下山することができた。「よくやった、アタシ！」という達成感にも、包まれました。

が、しかし。何となく私は、山にいる間中、食べすぎていたような気がするのです。自分が持ってきたおやつはもちろん、他人のおやつまで食べた。

「私はこんなに激しい運動をしているのだから、これくらい食べても当たり前なのだわ！」と、山登りにかこつけてバクバク食べていたのです。

それは、宿についてからも続きました。「今日はたくさんカロリー消費をしたから、ちょっとくらいたくさん食べても余裕だよねー」と、夕食ではごはんのおかわりまでした。そしてお風呂に入って体重を計ってみると……、シャツに塩がふくほどの大汗をかいて山に登ったというのに、なんと体重は微増しているではありませんか！　山に登って太ってどうする。

そういえばかねてより私には、「大変な状況にある時、つい大食いしてしまう」という癖があるようなのです。風邪をひいた後なども、少し食欲が出てくると「こんな時はたっぷり栄養をつけなくては」と一人で勝手に自分を哀れんで大食し、結果的に太ったりする。仕事がとても忙しい時も、「ああ、私ってなんて頑張り屋なんだろう」などと自分にウットリしながら「こんな時はまず、食べて元気を出さねば」と大食。

私はおそらく、何か大変なことがあった時に自分に大食を許可する、その解放感が好きなのです。私も一応、体重管理には気を遣《つか》っているので、普段は食事の量や栄養素などを考えています。が、心のどこかには、「あー面倒臭い。食べたいものを食べたいだけ、食べられればいいのに」という気持ちも、ある。

だからこそ、山登りや病気などの「大変なこと」があった時は、自分へのご褒美《ほうび》の意味も込めて、自らの食欲を解き放つのです。「今日はこーんなに運動したのだから、どれだけ食べたって大丈夫！」とか「風邪であんなに食べられなかったのだから、ここで少々大食いしても平気！」と信じ込む瞬間は、たとえそれがいいわけだとわかっていても、刹那《せつな》的な快感に包まれることができる。

山登りが好きな人の中には、

「山で食べるお弁当がおいしくて、登山がやめられなくなりました」といったことをおっしゃる方が少なくありません。確かに、きれいな空気と疲れた身体は、何を食べてもおいしいという気分にさせてくれるものです。私も、あのチョコレートのおいしさは、ちょっと病みつきになりそうだなぁ、とは思うのです。が「山ではつい大食いしたくなる」という症状を考えると、私の場合は山登りを趣味にすることは、やめておいた方がいいのでしょう。山に行く度に太っていたのでは、何のために登っているのかよくわからない。ま、今まで通り、山登りは二十年に一回くらいの割合でいいのかなぁ……と、思う次第です。

食べ放題の煩悩

今、国内旅行の業界においては「食べ放題」がブームのようです。三大カニ食べ放題の、北海道ツアー。山梨バスツアーは、桃が食べ放題。横浜中華街での北京ダック食べ放題がついた鎌倉日帰りツアー、なんてものもあった。

ふと見回してみると、町中《まちなか》にも食べ放題は溢れています。ケーキの食べ放題はホテルのティールームにおける定番企画ですし、焼肉食べ放題は若者に人気。タイ料理の食べ放題というお店も、そういえばありました。

思い起こしてみれば私の食べ放題初体験は、確か小学生の頃、東北旅行に行った時のことでした。日本における食べ放題のパイオニア的存在ともいえる「わんこそば」にトライしてみたのです。

「はいよ」

「あらどんどん」

みたいな掛け声とともに、お椀《わん》に次々と投入されていくお蕎麦《そば》。私はどうしても終るタイミングが摑《つか》めずにズルズルと食べ続け、とうとう帰りの飛行機に乗り遅れてしまったことを覚えています。

二度目の食べ放題体験は、高校生の時でした。ちょうどその頃、「ケーキ食べ放題」が世間でブームになり始め、食欲に燃える女子高生だった私達も、早速新宿の高層ビルの中のケーキ屋さんへと、学校帰りに赴《おもむ》いたのです。

高校生時代というのは、人生における食欲のピークです。私達はひたすら、食べまくりました。中にはタッパーを持ってきてケーキを詰めて持って帰るという図々《ずうずう》しい友達もおり、私達三人が消費したケーキは五十個を超えたのではないか。あー、思い出すだけでも気持ち悪い。

私達日本人が「食べ放題」と聞くとこれほどに燃えてしまうのは、いったいなぜなのでしょうか。別に、食うや食わずの経験をしたことがあるわけではありません。日々の糧《かて》は、きちんと足りているのです。だというのに食べ放題となるとついつい血が騒いでしまう、という人は実に多いもの。

一人分の量が制約されていないことに対する憧れがある、と考えることもできます。つまり日本風の食事というのは、ごはんも味噌汁もそして魚の切り身も一人分の量が決まっており、それがめいめいの皿にのっている。皆でつつくのは漬物くらいで、時にはそれすら一人前ずつ分配され、一人分のお膳にセットされて、供されたりする。

この形式において、「おかわり」は非常にやりにくいものです。誰がどれくらい食べたかも、すぐにわかってしまう。私達の食生活はそもそも、自分のお膳の中だけで完結するものなのです。

だからこそ食べ放題は、日本人の心を刺激します。大皿にどっさり盛られた食べ物は、たとえそれがおいしかろうがまずかろうが、とにかくスケール感だけはある。自分が食べていいのは自分のお膳の中のものだけ、という世界の住民である私達が大皿の数々を見て、それだけで多幸感に包まれてしまったとしても、仕方のないところ。

食べ放題において食べまくる人々の表情を見ていると、そこには「タブーを破る快感」のようなものも、漂っているような気がするのです。古来、日本人にとって「たくさん食べたい」なんてことを思ったり口にしたりすることは、おそらくはとても卑《いや》しいことであったのではないか。食欲を前面に出すなどということは、性欲を前面に出すのと同じくらい、下品なこととされていたに違いない。だからこそ「意地汚い」という言葉が、これほどまでに浸透しているのだと思うのですが。

今となっては、グルメであることは自慢にすらなる世の中です。大食いの人は「食べっぷりがいい」と誉《ほ》められ、たとえ過食症であろうとも、「繊細な人なのねぇ」と言われるくらい。

しかしおそらく私達の身体のどこかには、たとえもっと食べたくても「食べたい」と言わないで生きてそして死んできたご先祖様達の思いが、今も残っているに違いないのです。だからこそ、食べ放題を前にすると、「こんなことをしてていいのだろうか」「いやいけないに違いない」「でも食べたい」「えーい喰っちまえ！」といった思いが錯綜《さくそう》し、やがて「思いっ切り食べたい」という煩悩《ぼんのう》に身を任せる瞬間、先祖から引き継いだタブーを破る快感が身体を突き抜ける……。

食べ放題の場とは、「食の新宿歌舞伎町」のようなものなのです。性産業よりどりみどりという歌舞伎町を歩く男性の嬉しいような困ったような顔と、食べ物よりどりみどりという食べ放題会場でいざ食べん、と皿を持って構えている人の顔は、とてもよく似ている。そして、いよいよ風俗店に入っていく男性の顔と、いよいよローストビーフ（例）にとりかかろうとする人の顔も、ちょっと言い訳したそうな表情が共通している。

そういえば芥川龍之介の「芋粥《いもがゆ》」においても、「飽きるまで芋粥を食べてみたい」と熱望していた主人公は、いざ芋粥食べ放題状態になってみると、急に食欲を無くしてろくろく食べずに終ります。日本人は絶対、食べ放題という状態に禁忌感を抱いているに違いない、と「芋粥」を読むと思います（そして、一度でいいから芋粥ってものが食べてみたくてしょうがない、私)。

最近は、さすがに私も食べ放題に対する情熱は少なくなってきました。大学生時代は、焼肉食べ放題などという言葉に目を輝かせていたものですが、当時と比べれば食べられる量は減った。量より質、となってきたのです。

外国旅行をしている時は、朝食がブッフェスタイルだとホッとする時も、あります。しかしそれは、「少なく取る自由も、保証されている」から。外国のレストランで供される料理というのは何だかやたらと盛りが多いため、ついつい残しがちになる。すると、「自分のお膳の中だけをキッチリ平らげたい」という欲求を持っている日本人としては、残すこと自体がストレスになってくるのです。

残さない気持ち良さを味わうためにブッフェを利用するとは、昔と比べるとまさに隔世の感アリ。単に私が歳をとったせいとも言えますが、先祖から受け継いだ食べ放題に対するタブー感がほんの少し薄れてきたせいかな、という気がしないでもありません。

老犬介護ダイエット

実家で犬を飼っています。柴犬《しばいぬ》っぽい短毛の雑種なのですが、その犬が最近めっきり弱ってきました。私が高校生の時代から飼っているので、もうかれこれ十七歳。人間の年齢で言うと九十歳以上とのことですから、衰えがくるのも仕方のないところ。

足腰も弱ってきたとはいうものの、まだ散歩には出かけることができます。が、問題は食事なのです。歯槽膿漏《しそうのうろう》が悪化したのか歯が悪くなったのか、とにかく自分のエサ皿から食べることができなくなった。で、どうしているかというと、人がある程度まで咀嚼したものを手に乗せ、それを犬の口に押し込んでやるのですね。

食の好みも、うるさくなってきました。昔はエサ皿に入っているものは何でも食べ、さらには人が食べているものも食べたがるという食欲だったのに、今となってはドッグフードなど見向きもしない。昨日はカステラを食べたかと思えば今日は欲しがらない、今日おせんべいを食べたとしても明日は食べるかわからない。一日毎《ごと》に食べられるものが変わるので、人間達は「今日は何を食べたいのだろうか？」と、色々な食べ物を老犬の鼻先にせっせと突き出しているのです。

　両親が不在のある日、私も老犬介護のためにと、朝から実家へ赴きました。まずは朝食をあげようと、犬のためにと母親が作ったレバーペーストを鼻先に持っていってみるのですが、プイと知らん顔をする。では甘いものはどうかとスポンジケーキの小片を差し出してみても、嫌そうな顔をしてどこかへ行ってしまう。

「食欲、無いわけね……」

　と、諦《あきら》める私。

　そんなこんなで、夜になりました。犬に食べさせるのは諦めて、冷蔵庫に入っていたサバの味噌煮を温めて夕食にしようとすると、朝から何も食べていない犬が、ヨタヨタとこちらに寄ってきます。

「ひょっとして、サバの味噌煮が食べたいわけ？」

　と、一口分をあげてみると、はぐっと口に入れて、あっと言う間に飲み込んだ。「あら」とばかりにどんどんあげると、どんどん食べる。

　そこで私は、思いました。身体が弱って以来、すっかりごはんというものを犬は口にしなかったのですが、サバの味噌煮と一緒であれば食べるのではないか、と。そこで、サバとごはんを自分の口で一緒に咀嚼（汚い話題ですいませんねえ）したものをあげてみると、これも喜んで食べる。おっ、いいねぇいいねぇ……とどんどん嚙んではあげていると、サバの味噌煮一切れと、ごはんを軽く一杯分、平らげたのです。

　ふと気がつくと、私の夕食はすっかり無くなっていました。が、同時に私の食欲も無くなっていた。そして私は思ったのです。

「食べ物って、飲み込まなくても、嚙んで舌で味わうだけで満腹感が得られるものなのね……」

と。

　サバの味噌煮一切れとごはん一杯は、私の胃には納まりませんでした。が、咀嚼して味わうというだけですっかり「食べた」という気になった。冷蔵庫の中にはもう一切れ、サバの味噌煮が入っていたのですが、それを食べる気にはならなかったのです。

　別の日は、犬がフライドチキンを喜んで食べることもわかりました。サバの味噌煮だのフライドチキンだの、人間が食べるような味が濃くてあぶらっぽいものをあげてはいかん、という話もありましょうが、我が家の犬はもう老い先短い身。他に食べられるものも無いので、フライドチキンも咀嚼して与えます。

　するとこれまた、犬にあげ終ると自分では「もういらなーい」という気分になるのですね。フライドチキンを嚙みしだき続けた結果、自分では一口も飲み込んではいないものの、その味やあぶらっこい感じはしっかりと口の中に残る。そして、もうこれ以上味わわなくてもいい、という気分になる。

納豆をあげてみた時も、そうでした。我が家の犬は昔から納豆が好きだったので、これまた咀嚼して与えているうちに、すっかり自分では食べたくなくなってしまう……。

そして私は思ったのです。

「これは、ダイエットに使えるのではないか？」

と。

食べたいものがあったら、とりあえずは口に入れる。で、噛んで、味わう。しかし、飲み込まないで犬にあげる。そうすればほーら、すっかり満足感が得られます。食べたいものを全く我慢しないでいいという、画期的な方法ではありませんか！

しかしこの「老犬介護ダイエット」には、致命的な欠点があるのです。そう、それは「老犬はどこの家にでもいるものではない」ということ。たとえ都合の良い老犬が家にいたとしても、外食の時は全く使うことができない方法でもあります。

それでは「ガムダイエット」ではどうでしょうか。お腹が空《す》いている時にガムを食べると、それだけで空腹感が薄くなることがあります。噛むことは確かに、脳の満腹中枢《ちゅうすう》に刺激を与えているような気がする。トンカツ味のガムとか、大トロ味のガムなど、高カロリーな食べ物の味がついたガムを開発すれば、老犬を飼っていない人も、噛むだけ噛んで、味わうだけ味わったものをペッと口から出すことができる……。

そんなことを考えているうちに、私はお腹が空いてきました。そう、老犬介護というのは疲れるのです。噛んでは犬に食べさせ、という食事は時間がかかる。一日に何回も外に連れていって、ノロノロとした散歩に付き合う。その生活そのものがすでに老犬介護ダイエット、という感じ。

犬ですらこうなのですから、これがもし「老人」であったら……と考えると、不安になってきます。親が老いた時、私はちゃんと介護ができるのだろうか。まさか自分が噛んだものを食べさせるわけにはいかないから、流動食のようなものを作ってスプーンで口に運んでやって……。と考えると、確実にこちらも痩せそうです。

「老犬介護ダイエット」などとくだらないことを言っていられるうちは、まだ幸せなのかもしれないなぁ。……と、まだ介護というものの本当の大変さを知らない私は、思うのでした。

カウンターの時代

二十代後半以降をターゲットとした女性誌のレストラン紹介ページにはよく、

「ここなら、女性一人でも大丈夫」

というフレーズが出てきます。女性一人で食事をするのにも安心で肩身がそう狭くならない店を読者に代わって探しだすことも、「自立した働く女性」が読む雑誌の役割の一つなのです。

東京では今、「女一人メシ」ができる店の需要が非常に高いのです。働いている女性であれば、昼であれ夜であれ、一人で食事をしなくてはならない機会は頻繁にある。それなのにその需要に応《こた》えるような店はそうそう、ありません。

男性の場合は、恵まれています。立ち食い蕎麦。牛丼。定食。ラーメン。回っていようが静止していようが、寿司。……等々、男一人メシの定番店は、色々とある。もっと言えば、公園のベンチで一人でコンビニ弁当を食べていようが、男性の場合は何とも思われないのです。

対して女性は、私を含めて一人メシに抵抗ある人が多い。「何となく、ミジメ感が漂うのではないだろうか……」という恐れがあるのです。中には、

「いや私は立ち食い蕎麦も牛丼も、一人で行くの平気ですけど」

とおっしゃる女性も、もちろんいることでしょう。が、やはりその手の店において「女一人」は、どうしても少数派。誰もが気軽に一人メシできるというわけではない。

考えてみると、一人メシに適した店というのは概してカウンター形式である、ということがわかります。横にずらっと並ぶことによって、客同士が下手に顔を合わせる心配もなければ、席が無駄になる心配もない。そういえばある焼肉屋さんでは、「一人で焼肉を食べたい人のために」と、ロースターが一人に一つずつついた一人用焼肉カウンター、というのもありましたっけ。そしてどんな店であれ、カウンターでマンガなど読みつつ黙々と一人メシを食べているのは、ほとんど男性。

ある日のこと。私はとあるデパートで一人で買い物をしていました。時刻は夕方六時過ぎ。夕食は食料品売場で何かお惣菜《そうざい》を買って、家で食べようと思っていました。がその時ふと私は、友人がそのデパートの地下においしいパスタ屋さんがある、と言っていたのを思い出したのです。

ふん、パスタなら一人で食べてもいいかもね……。と思って早速その店に行ってみると。

なんとそこは、カウンター式のお店。さらには客の八割方が、「女一人メシ」だったのです。

その時私は、

「女一人メシのメッカはここにあったのか！」

と、非常に新鮮な感動を覚えました。お昼ならいざ知らず、夕食時にこれだけ女一人メシが多い店を、私は他に知らなかった。

仲間を得たことに気をよくして、私も早速カウンターの席につき、オーダーをしました。店員さんも女性で、必要以上の愛想を振り撒《ま》くことなく、適度に放っておいてくれる感じ。

この「放っておいてくれる感じ」というのは、女一人メシをする時に非常に重要な意味を持ちます。一人メシに慣れた人というのは、家の近所の行きつけのお店に一日一回は顔を出す、みたいな生態だったりするものです。が、その手の店ではしばしば、店の女主人を「ママ」と呼んでみたり、常連さん同士が互いの明日の予定まで知っていたりと、非常にディープな人間関係が形成されがち。

女一人メシをする者は、必ずしもその手の関係を望んではいません。メシはメシ、人間関係は人間関係と分けて考えたいのです。だから店の人も、ちょっと無愛想でこちらに無関心くらいの方が嬉しかったりする。

カウンターの女性達に視線を移してみると、勤め帰りのOL風の人がほとんどです。それそれ好みのパスタを頼み、サクッと食べて、サクッと出ていく。その姿は何となく格好良くすらあります。

さらにそのカウンターには、そこはかとない連帯感のようなものも、漂っていました。別に誰とも知り合いではないのだけれど、何となく一人メシ仲間、のような気になってくる。少なくとも、男一人メシ客ばかりいるラーメン屋さんに一人でいるよりはずっと、安心できるのです。

もちろん、そこには遠慮というものも存在しています。「私達、それぞれの事情があって今ここで一人で夕食を食べてるわけですけど、ま、他人の事情なんてどうでもいいわけで」という大人の空気感が漂っている。ですから顔をあげて他の客のことをジロジロ見るような人はいない。カウンターの席一人分の陣地を、無遠慮な視線で侵害しないように、それぞれが気をつけている感じです。

私もカウンターの一番端っこの席において、雑誌を読みながらパスタを食べました。評判通りパスタはおいしくて、さらには同じカウンター上には仲間もたくさんいて、「一人で夕食を外で食べている私」という状態が次第に心地よく思えてきた。会計を終えて外に出た時は、軽い精神の高揚すら感じられたのです。

おそるべし、カウンター・マジック。一人で食事をする時、四人用の席に案内されたりすると寂しさが募るものですが、カウンターというのはその気持ちがまぎれる上に、仲間まで得たような気分にさせてくれる。女性の好物・パスタをカウンターで供するという業態は、実にこの晩婚化時代に適応したものであるなぁ、と私は帰りの電車でついつい感心してしまったのでした。

おそらく私達世代が年老いると、非婚とか離婚とか、男より女が長生きする傾向とかの結果として、さらに大量の「女一人メシ要員」が発生しているだろうと思います。そうなった時、このカウンター・パスタ屋さんのようなお店の存在は、もっと貴重になってくるのではないか。パスタはちょっと、という老女のためには、野菜料理中心のカウンター定食屋さんがあったり、カウンター蕎麦粉クレープ屋さんがあったりするとさらに嬉しい。

男も女も、老いも若きも、シングル化が進む今。これからはカウンターの時代、って気がするのですが、いかがでしょう。

ラップ依存症

「ウーロン茶というものが世の中に存在しなかった時代、お酒が飲めない人はいったい何を飲んでいたのだろうか」

という疑問が、存在します。今は、私のようにお酒が飲めない人が飲み屋さんに行ったとしても、

「えーとじゃあ私はウーロン茶」

と言って済ますことができる、という良い世の中。しかし昔の「お酒が飲めない人」は、そんな時にどうしていたのだ？

人口に膾炙《かいしゃ》しまくっている商品というのは、しばしばその手の疑問を呼ぶものなのです。

そして今、私が気になってしょうがないのは、

「ラップ（ヒップホップ系の、ではなくて食品を包む方です、もちろん）、もしくはタッパーが無かった時代、人はどうやって食物を保存していたのであろうか」

ということ。

ラップというのは、実に便利なものです。残ったごはんを包んで冷凍。残ったおかずの皿にかけて冷蔵庫へ。伊豆の土産で干物を十枚いただいたけどいくら何でも多いので五枚はお隣にあげよう、みたいな時も活躍します。で、昔の人はそんな時にいちいちどうしていたのかなぁ……と、ラップをピッ、と切りながら私は思う。

クレラップやサランラップといった商品が発売されたのは昭和三十六年、そして日本で冷蔵庫の普及率が五〇パーセントを上回ったのは昭和四十年、なのだそうです。やはりラップというのは、冷蔵庫の普及とともに発展してきた商品のようです。そしてラップが無い時代の人たちは、作ったものは食べる、というのが基本姿勢だったに違いない。でもって、それより前の戦争前後は、「残るほど食べ物は無い」という時代だったのでしょう。

ふと気がついてみれば、二〇〇一年は何とラップ発売四十周年でした。そしてこの四十年の間に、日本人はすっかり、ラップ依存症になってしまったのではないか、という気が私はします。

食事を終える。何か食べ物が、残ってしまった。そんな時でも、ラップというのは免罪符のような働きをしてくれます。残り物が入ったお皿にピッとラップをかけて、冷蔵庫の中に入れてしまえば、「残り物を捨てるわけではありません」という言い訳が心の中でできる。「食べ物を残した罪」が許されたような気持ちになるのです。私達は、目の前に累々と転がる「残り物」という罪を全て冷蔵庫の中に隠してしまうために、何にでもラップをかけまくるようになった。

本当は、「食べ物を残した罪」は、ラップをかけて冷蔵庫にしまえば消えてしまうというものではないのです。ラップは罪を密閉する働きしか持っておらず、その罪は、翌日に残り物を温め直してすっかり食べてしまうまで、確実に存在し続けるもの。

ラップの厄介なところは、そこなのです。残り物にラップをして冷蔵庫にしまってしまうと、私達は「とりあえず目の前の責任は回避した」みたいな気分になります。まるで夏休みの宿題に使う工作の材料を買い込んできた時のように「今やるべきことはとりあえずやった」という大船感覚を覚え、ふっと気を抜いてしまうのですね。

そして「早く作ってしまった方がラクには違いないが、とりあえず今は作りたくはない」という夏休みの工作と同様、冷蔵庫の残り物は「早く食べてしまった方がいいには違いないが、とりあえず今は食べたくはない」と思いがちなもの。夏の終りが来るまで工作の材料に対して見て見ぬフリをするように、冷蔵庫の中の残り物にもしばらくは気付かないフリをしてしまうのです。

当然、「冷蔵庫の中には残り物があるのだ」という事実、そして残り物に対する罪の意識は、消そうと思っても消せるものではなく、常に暗い雲となって心の中に居座り続けるのです。で、「これからイタリア料理を食べに行く」という時にふっと麦茶を取り出そうと冷蔵庫を開けてみると、昨日残った茄子《なす》の肉味噌炒《いた》め、みたいなものの影がラップを通して見えて、でも視線をスッと逸《そ》らしてそのまま冷蔵庫を閉める時、自分が嫌ァな人間であるような気がしてしまう。

やっと残り物を食べる時。それは、自分の罪と向き合う時、です。電子レンジで温め直した残り物というのは、ラップの内側に付着してゆらゆらと揺れる水滴といい、温めすぎてパンパンに膨らんでからシワシワになるラップといい、そこはかとないミジメ感が漂うもの。「アチチ」などと言いながら剝《は》がしたラップはまるで使用済み避妊具のような存在感で、こちらの気分を盛り下げる。

残り物の茄子の肉味噌炒めからは、油分と水分が出ていて、あまりおいしそうではありません。もっと早く食べればもっとマシだったかもしれないのに、それもこれも全て自分のせい。そんな茄子を、やはりラップに包んで冷凍しておいたごはんと一緒に、食べる。すると、意外なことに結構、おいしかったりするのです。すっかりクタクタになった茄子には、肉味噌の味がしみ込んでいる。冷凍のごはんも、馬鹿にしたものじゃないわねぇホント、という感じ。

テレビに出るようなケチケチ主婦は、使用済みラップを何回も洗って再利用し続けると言います。しかし私は、使い終ったラップは、すぐに捨ててしまう方。何と言うか、私の罪と、その罪をできることなら湮滅《いんめつ》させてしまおうとしていたよこしまな考えとを全て見ていたのがラップだ、という気がするから。

燃えないゴミ（で、よかったんですよね？）の袋の中にラップを丸めて投入すると、私の懺悔《ざんげ》の儀式は、終ります。そして「ああ、この世にラップなど存在しなければ、こんなに悩むこともなかろうに……」と、思う。

もしこの世からラップが無くなってしまったらと思うと、私は恐怖におびえます。ラップが無かったとしたら、ああどうやって私の罪を覆《おお》い隠せばいいのか。一度ラップの魔力を知ってしまった私達は、もう二度と手放すことはできないのでしょう。

戦争中の食べ物が無かった時代のことを忘れないために、すいとんを食べて昔を偲《しの》ぶという行事があるそうです。同じように「ラップ使用禁止の日」も、かなり昔のことが偲ばるる、のではないかと思うのですけれど、どうですかねぇ。

汁物嫌い

世の中には、水分を大量に摂取したい人と、そうでない人とが存在するようです。で、私は明らかに後者。食事の時に水や麦茶といった飲み物を用意しても、ほんの一口か二口しか飲まずに食事を済ませていたりする。スポーツクラブでボクササイズをしてたっぷり汗をかいた後も、何も飲まずに家まで帰って平気だったり。

味噌汁やスープも、それが「水分である」という理由から、あまり積極的に口にしたいとは思わないのです。子供の頃からずっと、味噌汁は具だけ食べて汁を残していました。味噌汁の汁は、具を味付けするためのドレッシングのようなもの、という意識だったのです。

ですから実家では、私が高校生になっても大学生になっても、幼児の頃から使っている「ブー・フー・ウー」の絵が描いてある極小のお碗《わん》で、味噌汁を食べていました。それも、汁はお碗に三分の一ほどしか盛らずに。

健康上は、飲み物をたくさん飲んで新陳代謝を活発にさせた方が良いのだそうです。が、飲みたくないものは飲みたくない。その昔、たくさんの水を無理矢理飲ませる「水責め」という拷問《ごうもん》の手法があったのだそうですが、そんなことされたら私、どんな重大な秘密でも簡単にゲロッちゃいそうです。

水分が苦手だと、時に困ることもあります。たとえば、他人の家を訪問した時。客に固形物だけを与える人というのはあまりいないもので、とりあえず客に与えられるのは、お茶やコーヒーなどの水分。一度「客」の立場になったら最後、ふんだんに水分を供給されることを覚悟しなくてはなりません。

私のような者にしてみれば、目の前の飲み物は、プレッシャー以外の何物でもないのですが、「おもてなしの心に応えたい」という気持ちは存在する結果、「せっかくいただいた飲み物、絶対に残してはいけない！」と、必要以上の速度で飲み干してしまうこともしばしば。

カラになったカップを前に、私は「ああ、とりあえず義務は果たした……」と思うのです。が、次の瞬間、

「あら、喉《のど》が渇いてらしたのね。もう一杯どうぞ！」

などとおかわりが注《つ》がれている。やっとの思いでカラにしたカップが、再び液体でなみなみと満たされるのを見た時の、暗然たる気持ちといったら……。

飛行機の中も、苦痛です。スチュワーデスさんというのは、何だかやたらと飲み物を注ぎたがる生き物で、私のカップはいつもいっぱい。そしてカップに飲み物が入っているとテー

ブルを片付けることができず、落ち着かない。カップをさげてもらおうとしてもスチュワーデスさんはなかなか現われず、着陸の時間がくるまで、余った飲み物が入ったカップが目の前に放置され続ける。

そんな私が最も怖いもの。それはズバリ、缶入りの飲料です。たとえば皆でスポーツをした後など、周囲の人々の、

「あーノド渇いた、何か飲もうぜ！」

みたいな勢いにつられて、自動販売機で缶ジュースを買ってしまうことがあるのです。しかし今時の缶ジュースというのは何だかやたらと巨大で、私はその三分の一も飲むことができない。

他の人達が三百ミリリットル分の飲料を次々と飲み干して缶をゴミ箱に捨てていくのを見て、私はとてもあせります。それはまるで、給食が一人、食べられないで居残りになってしまった時のような気分。結局、誰も人がいなくなってから一人でそっと、植木の根元に残りを捨てたりするのです。

缶入り飲料というのは、飲み残してもフタをすることができないのが、困ったところ。これがペットボトルであれば、どんなに残そうがフタをして、自分のカバンの中に突っ込んでおくことができるのに。

あんなに大容量の缶にする必要があるのか、とも思います。日本人は料理を目で楽しむ民族であると言われています。食事をする時も、様々なものが少しずつ、美しく盛り付けられているとグッと食欲が湧いたりする。だから外国に旅行して、あまりに大量の料理がドカンと盛られていると、それだけで食欲を無くしてしまう。私も、自動販売機で、あの巨大な缶がドシンと下に落ちてきた音を聞くだけで「飲欲」が失《う》せ、缶を開けることすらおっくうになってくる。

夏、上品な家庭を訪問すると、冷たいおしぼりとともに、とても小さな切り子のグラスに麦茶が出てきたりします。それはごく普通の麦茶なのだけれど、とても貴重な飲み物のような気がするもの。容量が少ないので、すぐに飲み干してしまうと思わず、「もう一杯……」となったりして。

缶飲料も、ですからもう少し小さくならんものかなぁ、と私は思うのです。百ミリリットルくらいの缶であれば、私のような者であっても、「ああ、もう一本飲みたいなぁ」と思うかもしれない。

最近は、この手の要望も増えているようです。それは飲み物に限らず、スナック菓子やクッキーなどでも、大きな袋ではなく、小分けにされた袋が色々と売られている。アイスクリーム界においても、チョコレートモナカが小分けにされているものが人気らしい。

確かに今は、家族の人数が減っている時代。一度に大量の食べ物があっても困ってしまうことの方が多いのです。大家族が当たり前だった昔の人であれば、「同じ値段なら量の多い方をとるのがトク」とか、「大盛りという言葉にグッとくる」という感情があったことでしょう。しかし、少人数の家族で無駄を出さないように生活しなくてはならない今では、

「大盛りにしといたよっ」

という言葉を聞くと、嬉しさよりも「食べ切れなかったらどうしよう」という困惑の方が先に立つ。

今後は、さらなる高齢化社会がやってくると言われております。お年寄り達が、三百ミリリットルのジュースをガブガブ飲むとはとうてい思えない。私のような特殊な「水分嫌い」の人のためのみならず、お年寄りのためにも小分けの飲料が望まれるところです。ヤクルトくらいの量でちょうどいいんだけどなー、ホント。

料理人のモテ方

世の中には確実に、〝モテる職業〟というものが存在します。女性の場合だったらスチュワーデスとかアナウンサー、あとは「とにかく看護婦さんが好き」という男性も多いもの。では男性でモテる仕事とは何かと言うと、特にコレといって思い浮かびません。医者はモテるかもしれないけれど、よく見るとそれは「モテる」というより「その金銭的余裕に女子が寄ってくる」という状態に近かったりする。医者以外でも、男性でモテる職業というと、職業自体に魅力があるというより、お金や社会的名誉や安定っぷりに女子達がひかれている、というパターンが多いように思うのです。

が、そんな中で、仕事自体の魅力で確実に女性をひきつけてやまない職業があるのです。それは何かと言えば……、料理人。

もちろん、料理人の中にもモテない人はいると思います。が、その料理の腕とモテ具合というのは、確実に比例するような気が、私はする。

おいしいと評判のお店において、料理人はスターのような存在です。常連客は、寿司屋の

板さんから、

「はいこれ」

とぶっきらぼうに、でも自分から頼んではいない特別料理を供されることに誇りを感じる。

そしてそれがカウンターの他の客には渡されないことを確認すると、ますます満足を深める。

またレストランにて、厨房《ちゅうぼう》から出てきた料理人に、

「あっ、○○さん今日はどうも！」

などと挨拶《あいさつ》されたりすると、自分にだけスポットライトが当たったような気持ちになる。

そして彼とフランクな言葉遣いでおしゃべりをすることによって、「私はシェフとこぉぉんなに親しいのよ！　大事にされている客なのよ！」ということを、周囲の客に示さんとする。

モテる料理人がいる店の様子というのは、卵がかえったばかりの鳥の巣と似ています。料理人は、親鳥。客は、ひな。親鳥の愛が欲しくて、ひな達は一生懸命に「こっちを向いて！」とアピールする。そしてぴーぴー泣き叫ぶひな一羽一羽の口に、エサを押し込んでやる親鳥……。

料理人はなぜ、モテるのか。と考えてみると、理由は色々とあるのです。まず、当然ながらおいしい料理を作ることができるということ。常人では決して思いつかないような発想を皿の中に感じると、その才能に圧倒される。男も女も、作った人の腕に惚《ほ》れるのです。

男性が最も格好良く見えるのは、仕事をしている最中の姿であるということはよく知られているわけですが、料理人というのは客と会う時は常に「仕事中」。厨房が見えるスタイルの店において、無駄のない動きで鍋を振り、厳しい顔で味付けをする料理人の姿をかいま見ると、ついつい「格好いい……」と思ってしまうもの。

料理という仕事が、知的でありつつも肉体的労働であるところも、魅力の一つでしょう。腕の良い料理人はおしなべて、頭が良い。さらには料理は力仕事でもありますから、その腕はガッチリと太く、また白衣の下の胸板は意外に厚みがあったりする。さらには腕に残る切傷や火傷《やけど》の跡が、そこはかとない男らしさを醸し出す……。

彼等の存在感というのは、どこかミステリアスです。客が料理人に出会うのは、あくまで店の中において、料理人が白い服を着ている時だけ。店に行く度に一言挨拶は交わすとしても、彼が本当はどんな性格で普段はどんな服を着ているのかといったことは、知らない。制服姿の時しか出会わないからこそ「もっと知りたい」と思ってしまうという部分は、スチュワーデスや看護婦のモテ方と似ているかもしれません。

料理人の中でも特にモテる人達を見ていると、彼等は単に料理の腕が良いだけではない、ということもわかります。彼等は、「全ての客に、『自分が一番愛されている』と感じさせる」というテクニックを、持っているのです。

ほとんどのお客さんの食事がだいたい終りになってきたような時間に、料理人が厨房から出てくる。顔馴染みの客に挨拶をしたり、言葉を交わしたりする。その時料理人は見事なほどに、全ての客に「私だけが特別扱いされている」という気分を与えているのです。

一人の客と話していても、別の客が帰ろうとする気配を感じた時は、すっとそちらに寄っていってお礼を言う。常連客と一緒に初対面の客がいても、平等に話をする。そして全ての客は「自分はこの店で、尊重されるべき客として認識されたのだ！」という喜びを得て、帰ることができる。

してみると、たくさんの客を喜ばせなければならない料理人という職業は、「たくさんの女と付き合う男」のようなものでもあるのです。A子とデートした後は、B子と。おっとC子にも一本電話を入れておかなくては……。という芸当を、苦もなくやってのけることができる男性がいるもの。で、A子もB子もC子も、他の女の存在に薄々気付いてはいながらも、「でも一番愛されているのはアタシだし」と、なぜか思っていたりする。同じように料理人も、自分を信奉する全ての客に、店にいる間だけは「シェフから最も愛されているのは自分」と信じさせることができる……。

仕事場においてそのような手練手管《てれんてくだ》を発揮できる人が、私生活においてもモテないわけがありません。かくして仕事場でモテる料理人というのは、私生活でも妙にモテていたりするのでした。

考えてみれば料理というのは、人間の本能である食欲を刺激する仕事。ということは非常にエロティックな仕事でもあるのです。本能のまさぐり方が上手い料理人が、モテないはずはなかろう。

ここで一つ気をつけなくてはならないのは、同じ料理巧者でもプロとアマでは違う、ということ。アマチュアでも、自らの料理の腕に陶酔している男性がいるものですが、なぜかその手の男性は、なかなか婿にいけなかったりするものです。「こんなウンチク野郎と結婚したら何を言われるかわかったものではない」と女子に思わせるせいなのかもしれませんが。

料理がうまい男性はモテる。これは事実ですが、その料理に生活を賭《か》けているのか、趣味なのか。その部分の違いは、モテ方の違いとして大きく現われるような気がします。

スポーツ観戦時の飲食行動

先日、東京ドームにＮＦＬ、つまりプロのアメリカンフットボールのゲームを見に行ってきました。ダラス・カウボーイズ対アトランタ・ファルコンズというカードです。

別に、アメフトが特別に好きなわけではないのです。ただ私は、なぜかチアガールというものが大好き。で、ダラス・カウボーイズ専属のチアである通称カウガールズと言えば世界一のチア、ということで、ついつい見に行ってしまったのです。

ドームの観客は、やたらとガタイの良いアメフトの選手らしき人達や、アメリカ人でいっぱいであり、色白のメガネ女である私には全くそぐわない場所となっていました。そしてグラウンド上では、この世のものとは思えない巨体の選手達がぶつかり合い、グラウンド外ではやはりこの世のものとは思えないほどスタイルの良いチアガールのおねえさん達がポンポンを振ったり足をあげたりして、踊っている。

「アメリカやのー……」

と、思わずつぶやく私。

そうこうしているうちに、喉が渇いてきました。野球の時のように、飲み物を売る人が練り歩いているので、ウーロン茶を購入。チューチュー飲んでいたのですが……、どうも私は「違う」という気がしてならないのでした。つまり、目の前で繰り広げられる巨大男達の肉弾戦や金髪のおねえさん達の踊りに対して「ウーロン茶」という飲み物が、全くそぐわないのです。

お腹も空いてきた私は、席を立って売店へと向かいました。するとラーメンやお弁当を売る店の脇《わき》に、ピザを売るコーナーを発見。そして私は即座に、

「これだっ」

と思ったのです。

大きなピザの一切れと、そして飲み物としてオーダーしたのは「コーラ」。そう、この場に最も適した食べ物はラーメンでもお弁当でもなくピザであり、そしてこの場に最も適した飲み物は、ウーロン茶でも一〇〇パーセント果汁のジュースでもなく、コーラだった。

実は私は、コーラという飲み物が好きではありません。大嫌いというほどでもないけれど、決して自分から飲みたいとは思わない。他人のを一口もらう、という行為を含めても、コーラを口にするのは一年のうちに一回くらいなものでしょう。しかしその時ばかりは、「ここでコーラを飲まずしていつ飲むのだ！」という気分になった。五百ミリリットルは入ろうか

という大きなカップになみなみと注がれたコーラを、つい手にしてしまったのです。

席に戻った私は、ピザを一口食べ、たっぷりのったチーズからしみ出るあぶら分を、コーラでググッと洗い流しました。うーん、いかにも健康に悪そうなこの食感。舌に残る炭酸の感覚。そして目の前では、本場のアメフトとチアガール。

「やっぱりこの場においてはこの飲食行動が最も適しているのであろうなぁ」

と、私はちょっとご満悦。

それは、大相撲の升席には焼き鳥や枝豆が似合うのと同じことなのです。大相撲もアメフトと同じく男同士の肉弾戦ではありますが、こちらは何といっても日本の国技。あの升席において、膝《ひざ》を抱えながらピザやハンバーガーを食べても、いたたまれない気分を味わうだけであろう。スポーツにおける場のムードと、そこで食べるべき飲食物は深い関係を持っているのです。甲子園では、他の飲み物を売っていても、ついカチワリ氷を口にしたくなってしまうように。

スポーツ以外でも、その場のムードに食欲が左右されることは、あるものです。高速のサービスエリアで、別に食べたくもないのについアメリカンドッグを買ってしまったり、すごく寒いのに、高原に来たということで無理してソフトクリームを舐《な》めてしまったり。

アメリカンフットボールとチアガールは、コーラ嫌いの私にコーラを飲ませることに成功しました。頼まれても飲みたくない存在であるコーラを、自分のお金を出して買う。これは私にとって驚愕《きょうがく》の事実であり、「さっすがアメリカのパワー、恐るべし……」と、あっという間にピザを食べ終った私は、思った。

ふと周囲の客席を見回してみると、私のようにアメリカ魂に蹂躙《じゅうりん》されている人ばかりではないことに、気づきます。ラーメンをすすっている人がいる。ビールを飲みながら、サキイカや「チーズ鱈《たら》」を食べる人もいる。家から持ってきたお弁当のおむすびを食べる人もいれば、せんべいをかじる人も……。何というか、升席感覚でアメフトを見ている人達が、そこかしこに。

それは、何となく心和《なご》む風景でもありました。いくらアメフトを見にきたからといって、日本人の観客が皆、ハンバーガーやピザを食べて、

「ワーオ！」

などと歓声をあげていたとしたら、「果たしてこの国の将来は大丈夫なのであろうか……」という不安に襲われることでしょう。しかし我が同胞は、アメフトに喜び、相好《そうごう》を崩して金髪のチアガール達に手を振りながらも、ちゃんとサキイカや海苔《のり》巻きを食べていた。それは奇妙な光景ではあるものの、ある種たくましい感じでもあり……。

東京ドームで、本場のアメフト。それは、地場がねじれたような変な感覚のイベントでし

た。「なぜ東京でこんなことをやらねばならんのだ?」という疑問を隠すように、皆がアメリカ気分に浸ろうとしていた。

そこはあくまで、「東京に本物のNFLチームがやってきた!」という仮想のアメリカ的空間なのです。だからこそ私は、アメリカ気分を積極的に盛り上げるためにコーラを飲んだ。

私がアメリカに旅行したとしても、コーラは決して飲まないことでしょう。本当のアメリカにおいてであれば、コーラなど飲まなくとも、アメリカ気分は十分に味わうことができるのだから。

試合が終って、ドームを一歩出れば、そこにはいつもの東京の風景が広がっていました。またしばらくはコーラを飲まないのだろうな……と思いつつ雑踏に揉《も》まれる私は、やはり紛れもない日本人。そんなことをつい自覚した、コーラの味だったのでした。

飲食店の節回し

ふと気がつくと、

「えっ、こんなところにあったっけ」

と思うような場所にもできている、スターバックスコーヒー。ヒットの理由としては、何となくお洒落、色々なコーヒーの種類がある、カップのフタに独特の飲み口がついていてしゃぶり心地がいい（そんなことを思っているのは、私だけ？）……などのものがありましょう。

スターバックスで、私がいつも気になってしまうことがあります。カウンターで注文を言い、お金を払う。注文を受ける係の人は、コーヒーを作る係の人達に、「ショートのラテを一つ」と伝えるわけですが、その時の口調に、非常に独特な、ちょっと奇妙と言ってもいいほどの節が、ついているのです。その節を文字で表すのは難しいのですが、

「ショートラテ――エッ！」

てな感じで。

以前、私はスターバックスの本拠地であるシアトルのスターバックスにも行ったことがあるのですが、本場においては注文伝達時にそのような節回しはされていなかったように記憶しています。ではなぜ、日本のスターバックスでは独自の節回しがされるようになったのか？

私は、スターバックスにおける節回しを聞いているといつも、神田のお蕎麦屋さん「やぶ」を思い出すのです。ここでも客の注文は、非常に特殊な節回しで、まるで歌うように調理場へと伝えられる。それは今や「やぶ」に欠かせないアジの一つとなっているわけですが。

さらに私は、電車の中におけるアナウンスも、思い出します。車内アナウンスは、車掌さんが独自に開発したのであろうイントネーションが時として効きすぎて、ほとんど何を言っているのだか理解できなかったりするもの。で、「いや私達はまだいいですけど、地方とか外国から来た人はこれじゃわからんだろう……」と思ったりするもの。

電車のホームでも、似たような現象は起こっています。

「新宿、新宿です。お足元にお気をつけ下さい」

みたいなアナウンスが、ちょっと普通ではない発声方法で、朗々となされていたりする。たまたまアナウンス中の駅員さんを発見してみると、マイクの持ち方もその人オリジナルで、まるでプラットホームは駅員さんのための舞台、という感じ。手だれなムードが、漂っているのです。

スターバックスややぶそばでは、普通の話し声と注文を間違えないように独特の節をつけるべし、というルールになっているとも考えられます。が、そこには確実に、

「何度も同じことを繰り返して言ううちに、どうしても節を回したくなる」

という日本人の国民性というか癖のようなものが、存在するのではないか。

だからこそ私は、スターバックスにおける、

「ショートラテ――――ェッ！」

という声に、違和感を覚えるのです。スターバックスの店内は、まんまアメリカの店と同じ雰囲気です。メニューにしても、日本にある店だからといって「おぐらフラペチーノ」があるわけではない。だのに、店員さんの発声に純和風の節回しがついているせいで、そこにだけ一陣の居酒屋の風が吹き抜ける感じがするのです。

居酒屋関係のお店というのは、この手の「独特の節回し」の宝庫です。客が入っていくと、店員全員が、

「いらっしゃいませぇぇぇぇーいッ！」

と腹の底からしぼり出すような声で応えるために、客の方がうろたえてしまったり。

「ビール一本、お願いします」

とお願いすると、

「はい喜んでっ！」

と、何でもものすごく喜びながらやってくれたり。

私は、居酒屋でもスターバックスでも駅でも、これら独特の節回しを聞くと、いちいち妙に恥ずかしくなります。お願いだから普通の言い方をして下さい、と頼みたくなってしまう。

なぜ私はテレてしまうのか。と言えば、そこに「他人の陶酔」が見えてしまうからなのでしょう。昔、とあるファストフード店でアルバイトをしていた友達に聞いたところ、

「忙しくなればなるほど、その店独自の言い方や節回しに拍車がかかってくる。普段の生活では絶対にそんな言い方はしないのだが、店にいる間だけはその店のなまりのようなものを使うことによって、『働いている』という実感を得ることができたし、店員同士の仲間意識も醸成された」

と言っていました。そう、店員さん達は確実に、変な言い方に酔っているのです。そして他人が酔っている姿というのは、酔っていない者にとってはどうにも恥ずかしかったりするもので。

節回しに酔うという気持ちも、わからないではありません。私はよく家中の窓を閉め、気に入ったCDを大音量で聞きながら、歌手と一緒になって大声で歌うのですが、その時の陶

酔っぷりは、とても他人にお見せできるようなものではないだろう。自分でも見たくないですけど。

しかし陶酔できている人は、まだいいのです。問題は、「規則だから一応節回しをしているが、酔うことはできない」という、テレが残っている店員さん。たとえばスターバックスの新人とおぼしき店員さん達。彼等は、手だれの駅員さんや居酒屋の店員さんのようには、陶酔を楽しめていません。だから私はスターバックスにおいて「あっ、この人はテレながら節を回している」と、余計に恥ずかしくなってしまうのだと思う。

節を回すならテレずに回せ。テレるくらいなら普通に話せ。……と、これが節回し系飲食店の鉄則、だと思うのですが。

路上に漂う夕餉のにおい

夕方、道を歩いているとふっと、どこの家からか料理をしているにおいが漂ってくることがあります。私はこのにおいをかぐといつも、「ああ、秋だなぁ」と思うのです。

夏の間は、どこの家庭でも冷房を入れて窓を閉めきっているので、夕餉《ゆうげ》のかおりが外に漂ってくるということがありません。しかし暑さがゆるんでくると、閉まっていた窓がやっと開く。で、歩いている人達をして、

「あっ、この家は今晩カレーだな」

などと思わせる。

私は悪臭でない限り、この「道を歩いている時に感じる他家からの生活のにおい」というものが嫌いではないのです。たとえば深夜、明日の朝に飲む牛乳が無いことに気づいて、コンビニまで行く道すがら。歩きながらふと、どこからか漂うシャンプーのにおいを感じる瞬間というのが、私は割と好き。

シャンプーを使用しているのは、本当はハゲのオヤジかもしれませんが、脳裏には、シャ

ンプーのコマーシャルに出てくるような美しい女の子がお風呂に入っている姿が浮かぶ。そして、「ああ、みんなどこかで、生活というものをしているのだなぁ……」という感慨《かんがい》が湧いてくるのです。

夕食のにおいも、私をホッとさせてくれます。が、時にはものすごい飢餓感を煽《あお》られてしまうこともある。

「あっ、これはサンマを焼いているにおい……」

なんてことを感じると、それまでほんの少ししか感じていなかった空腹感に、急に火がつく。頭の中はすっかりサンマモードになってしまい、さっきまで「今日はスパゲッティにでもするか」と思っていたのに、ちっともスパゲッティなど食べたくなくなってしまったりするのです。

「ああ、このサンマを焼いているのが我が家だったらなぁ」という叶《かな》わぬ夢を抱きつつ、ますます募るサンマへの想い。私は、まるで美女の生き血を求めてうろつく吸血鬼のように、「今すぐにでもサンマと大根おろしと白いごはんが食べたいッ！」というどうしようもない気持ちを抱えて、道を歩き続けなくてはならないのでした。

食べ物のにおいというものが、常にこちらの食欲を刺激してくれるかといえば、そうではありません。

たとえば飛行機の、それもエコノミークラスの、食事。向こうの方からスチュワーデスさんが銀色の巨大な箱を運んできて、客達に食事のトレイを配りはじめると、飛行機の中には温められた食事のにおいが漂います。スチュワーデスさんがこちらに近づくにつれて、そのにおいはどんどん強くなってくる。

そんな時、私は非常にゲンナリするのです。そもそも飛行機の中ではあまりお腹が空かないものなのに、決められた時間には決められた食事が配られ、何となく受け取ってしまう。それはさほどおいしそうではない食事であるにもかかわらず、においをかいだ瞬間にちょっとした空腹感を覚えてしまったりする、その自らの肉体の正直さ加減を確認するのも、そこはかとなく嫌。

また小学生の頃の、給食。私は今からでは想像もつかないほど食の細い小学生であり、給食というものもあまり得意ではありませんでした。私の学校では毎日、「給食室」という場所に全校生徒が一堂に会して給食を食べていたのですが、その給食室に入る少し手前から漂ってきた、給食のにおい。あれも、苦手だった。

給食というのはまず第一に、栄養バランスのことが考えられているので、時としてシチューと酢の物とパンと牛乳とゼリー、みたいな変な組合せの日もあるわけです。すると給食室の中には、デミグラスソースのにおいとお酢のにおいとが混じり合った、妙なにおいが漂う。

そして私はそのにおいを感じた瞬間、「あー、給食食べたくないナー」と思う……。

食べ物のにおいというのはどうやら、そのにおいのモトである料理と自分との間にある距離が遠いほど、良いにおいに感じられるようなのです。たとえば最近は、機内食にカレーが出てくることもあるわけですが、飛行機の中に充満するカレーのにおいと、路上でどこかの家庭の台所から漂うカレーのにおいとでは、その魅力は全く異なってくる。

機内食のカレーというのは、手を伸ばせばそこにある、というもの。自分も希望すればすぐにでも食べられるものです。が、路上におけるカレーのにおいは、他人の家から漂うもの。いくら食欲を刺激されても、「食べさせて下さい」と言うわけにはいかない。手に入らないものだからこそ私達はますます、他家の夕餉のにおいに惹《ひ》かれるのです。

においが漂う場所にも、問題はあるでしょう。飛行機内や給食室というのは、閉鎖された場所。その場所にいる限り、食べ物のにおいから逃れることはできません。対して路上に漂うにおいというのは、風向きなどの具合によってほんの一瞬しか、感じることができなかったりする。もっとこのにおいをかいでいたいと思っても、叶わないのです。

この、「自分では食べることができない料理のにおい」が「ほんの一瞬だけ」……という漂い方だからこそ、他家の料理のにおいは私達の食欲の琴線《きんせん》を刺激するのです。機内食や給食のように、確実にこれから食べなくてはならない食事のにおいに包まれると、食欲は急に萎《な》えてしまうのに。

食べ物のにおいとは、噂《うわさ》のようなものだと思うのです。たとえば隣の学校に、ものすごく格好いい男の子が通っているという噂がある。噂だけを聞いている時は、頭の中には夢のように素敵な男子像が広がりウットリすることができるのですが、実際に目撃してみると、期待をしすぎていたが故に「別にそれほどでは……」と思ったりするもの。

路上に漂う他家の夕餉のにおいというのも、においだけをかいでいる時がきっと一番幸せだと思うのです。どんなにおいしそうなにおいであっても、実際に食べてみたら「普通じゃん」って感じかもしれない。

路上でサンマのにおいをかいで刺激され、「サンマしかない」と自分もサンマを買って焼いてみることも、あります。が、その時のサンマの味は、路上で頭に思い浮かべた「理想のサンマ像」の味と比べると、どうしても劣るもの。憧れは憧れのままにしておいた方がいいということは十分に理解しているものの、それでもどうしても、手を伸ばしてしまいたくなる。そんな自分の弱さを再確認する、秋の夕べなのでした。

すき焼きという格闘技

子供の頃、すき焼きが嫌いでした。肉が甘いという状態にどうも馴染めなかったのと、生卵が苦手だったのとで、

「今日はすき焼きよ」

といった発表が母親からなされても、全くグッとこなかったのです。

家ですき焼きをする時は、ですから私の分の肉だけは別にフライパンで焼いてもらい、醤《しよう》油《ゆ》をかけて食べていた私。そんなわけで、兄弟と肉の取り合いをして大モメ、といった微笑《ほほえ》ましい思い出の全く無い、寂しい子供時代なのです。

大人になると好き嫌いも減り、すき焼きも食べられるようになりました。生卵も、大丈夫になった。とはいえすき焼きは他の鍋物類に比べると甘辛い味が濃く、すぐに飽きてしまうため、そうしょっちゅう食べたくなるものではないのですが。

そんなわけで先日、知人と二人でお店で食べたすき焼きは、実に久しぶりのものでした。肉は霜降り松坂牛の、いかにも高級そうなもの。野菜も彩り良くお皿に盛られています。黒

光りするすき焼き鍋と美しいピンク色の肉との対比は空腹感を刺激し、私は次第に興奮してきました。

すき焼きにおける興奮の頂点というのは、最初の一口を食べた瞬間にやってくるものです。牛肉からとけ出す脂肪分、砂糖と醤油の割下《わりした》、そして生卵という、冷静に考えてみたらものすごいハイカロリーな組合せが作りだすマッタリとした味を、空の胃が迎え入れた時のその喜びたるや、盆と正月が一緒に来た感じ。

要するにすき焼きとは、サビの部分が最初にある曲のようなものなのです。イントロが聞こえるだけで、もう観客は総立ち。いきなり興奮は頂点に達する、という感じ。

私達も、一枚目、二枚目と勢いよく肉を食べ進みました。

「うーん、やっぱりすき焼きはおいしいねぇ」

などと、調子の良いことも言っていた。

しかし二枚目の肉の途中から、急激に疲労を感じてしまうのです。サビが最初にある曲と同様、しょっぱなの興奮があまりに激しすぎるため、同じテンションを持続させることができない。すき焼きというスターは過剰にエネルギッシュであり、最初は総立ちになってぴょんぴょん飛び跳ねていた食べ手はすぐにそのエネルギーを吸い取られ、あまりにもあっけ無く息切れしてしまいます。

あいにく私達二人は両方とも、お酒を飲みません。お酒を飲むのであれば、飲酒というインターバルを入れることもできるのでしょうが、お酒を飲まない人というのはとにかく、食べることだけに集中してしまうため、後先考えずに突き進むという癖がある。

自らの疲労に気付いた私達は、肉の脂肪分を中和するために、ごはんを頼むことにしました。そう、すぐに白いごはんが食べたくなるのも、非飲酒者の常というもの。今度は白いごはんの力を借りて、再びすき焼きに戻ります。

そこで私達は、重大なことに気がつきました。既に肉が、無くなってしまいそうなのです。高級霜降り松坂牛は一切れがとても大きく切られているため、実は一人前三枚ずつしか、皿に盛られていなかった。

気がついてみれば、食べ始めてから、まだ十五分も経《た》っていません。

「すき焼きって……、こんなに早く食べ終っちゃうものだったっけ？」

と、しばし茫然《ぼうぜん》。すき焼きと言えば、鍋物。そして鍋物と言えば、いつまでも鍋をつつき合って、ダラダラ楽しむものではなかったか。こんな高級な料理を十五分で食べ終ってしまうなどということが、許されるはずはない。

手元には、白いごはんが盛られた器があります。

「何だかさ、ものすごく高級な牛丼を食べただけ、って感じじゃない？」

「確かに」

と、うなずき合う。

十五分で高級すき焼きを食べ終えてしまうのは、あまりに惜しい、というか馬鹿馬鹿しいものです。結局、

「もう一皿、肉を頼んじゃおうか」

と、「こんなに早く食べ終りたくない」がために、私達は肉を追加注文しました。

が、そこで私達は、さらなる失敗に気付いたのでした。追加の肉も、最初と同じ霜降りたっぷりのものを注文してしまったのです。三枚の霜降り肉で既にかなり疲労していた私達に、再度三枚の同じこってりした肉は、かなりつらい。

「ううう、もっとあっさりした肉でもよかったのに……」

と、コンサートにおいて最初に立ち上がってしまったため、疲れたのに座るに座れない人のような心境に私達は陥った。

当然、気分はどんどん盛り下がってきます。「最初の一口」の時は身体中の全細胞が震えるほどに興奮したあのマッタリ味も、今となってはほとんど苦痛。中和するために白いごはんを食べれば、お腹はどんどん膨らんでいく。かといってこの上等の霜降り肉を残すわけにはいかない……。

私達は苦悩しながらも、意地で肉を食べ切りました。終盤には、身体も心もすっかり重ーいムードに。余った野菜が鍋の中で煮詰まり、佃煮のような様相を呈しているのがまた、何とも侘《わび》しい。

私はそこで、思いました。「最初の一口だけすき焼きを食べて、あとはしゃぶしゃぶにするってわけにはいかないのかな」と。そして、「ああ、もう一年くらいは、すき焼き食べなくてもいいや」と。

すき焼きと言えば、鍋料理の代表格です。が、実はすき焼きは、鍋料理の中ではかなり異質な存在。寄せ鍋や水炊きといったものは、食べ終った後に何となくほっこりした気分になるのに比べ、すき焼きの後は、戦いが終った時のように、荒々しくそして疲弊した感じになるのです。

すき焼き、それは心身ともに充実した時でないと、食べてはならないもの。私もあと一年くらいしたら、再び体調を整えてすき焼きに臨みたいと思いつつ、今は疲労の回復と、過剰摂取してしまったカロリーの消費に、努めているのでした。

ロンドンの回転寿司

二十代前半のOLさんと一緒に、焼肉を食べていた時のこと。メニューの「冷麺《れいめん》」という文字を見て彼女が、

「冷麺って、冷やし中華のことですか？」

と私に問いました。

「えっ？」

と私は、その質問にちょっとびっくり。そして、

「冷麺は冷やし中華じゃなくって、韓国特有のちょっとゴムみたいな感じの麺に透明なスープがかかってて、キムチとかのってるやつだけど……、ひょっとしてあなた、今までに冷麺って食べたこと、ないワケ？」

と問い返せば、

「えっ、ないです……。私、実は焼肉ってもの自体、食べるのが二回目で」

と彼女。

「ひぇーっ、マジぃ？」

と私は激しく驚きました。が、同時に非常に新鮮な感動に包まれた。食べたことがないものを初めて食べるなどという経験をした最後がいったいいつだったか、私はさっぱり思い出すことができなかったから。

二十代前半で焼肉が二回目、冷麵を知らないというのは、特殊な例かもしれません。実際その彼女は、小学校からカトリック系の学校に通っていたというお嬢様。

「外食はあまりしなかったもので……」

と言われれば、焼肉しか食べなかったような学生時代を送った私などは、「ナルホド」と納得するしかない。

そんな私も、

「へー、こんなもの初めて食べた！」

という感動をかつては味わっていたはずなのです。記憶に残っているところで言えば、高校時代に金山寺味噌《きんざんじ》を初めて食べて「こんなにおいしいものがこの世にあったか！」と興奮したとか。大学時代に下町っ子のボーイフレンドと初めてもんじゃ焼きを食べて、その見かけに仰天しつつも意外にイケル、と思ったりとか。

ここ最近、そんな新鮮な気持ちになることがとんとなかった私。フグだのカラスミだのといった、「大人になってから初めて食べるもの」もだいたいは食べた。特に変わった食べ物が好きというわけでもないので、ウミヘビだの熊の手のひらだのといった食材を食べる機会もなければ、また食べたいとも思えない。となってくると、日常生活において口にするものはだいたい、決まってくるのです。

私は、冷麵を知らなかった彼女を目の前にして、ある種の懐かしさを感じました。「そうそう、初めて食べるものがあるってことは、まさに今、大人になっていく過程にあるってことなんだよねぇ……」と。

そんなことを考えていた矢先、久しぶりに「初食い」を経験する機会がやってきました。所はロンドン。モノは、回転寿司です。

実は私、今までの人生の中で、回転寿司を食べたことがなかったのです。既に回転寿司が定着した時代に子供時代や学生時代を過ごした人であれば、家族や友人達と、気軽に回転寿司に行った経験を持つことでしょうが、私の場合はいくらおいしいと言われていても、回転寿司と聞くとつい、

「何かゲスな食べ物なんじゃないの……？」

と思ってしまう年代。何となく、足を向ける機会がありませんでした。

しかし、ロンドン。こちらでも回転寿司は流行《はや》っています。それも日本のように「安く寿

司が食べられるから」という理由からでなく、「お洒落な食事スタイル」として、流行っている。一緒に旅行をしていた友人も実は回転寿司経験がなく、

「どうせ回転寿司処女を破るのであれば、ロンドンでってことにしますか」

と勢いづいたのです。

ロンドンの回転寿司は、なるほどお洒落でした。格好いいブティックが並ぶ街の一角に、全面ガラス張りのつくり。入るとさっとコートを預かってくれ、席に案内される。さらに周囲の客を見回せばスノッブな人達ばかりなのだけれど、目の前では確かに寿司が回っている……。

私達は、回る寿司を初めて間近に見て、確かに興奮しました。

「うわわっ、おいしそうっ」

「何から食べていいかわかんないっ」

と叫ぶ私達に、ジェントルな店員さんが近寄り、

「初めてですか？」

と問う。イエス、と答えると、

「好きな皿をここから取って、お茶を飲みたい時はここを押して……」

と、イギリス人店員は丁寧に教えてくれます。

「なぜ私はガイジンから回転寿司のシステムを教わっているのだ？」と思いながらも素直に聞き、いざ食事にかかりました。

最初の一皿を取る時は、緊張しました。友達と、

「あなた先に取ってよ」

「どうぞどうぞ、私は後で」

などと譲り合ったりして。初心者としては、皿に手を伸ばすのが恥ずかしいような気がしたのです。

初めて食べた回転寿司の味は、といえば、正直言ってイマイチでした。どう考えても寿司は日本の方がおいしいと思う。が、海老のサテやタイ風のスープ、クレームブリュレになぜか白いごはんまで回っていて、そのシステムは非常に楽しむことができた。

「ふーむ、ここで道をつけたからには、日本でも一度行ってみたいものですな」

とつぶやきつつ、食事を終えたのです。

そこでふと思い出したのが、例の〝冷麺を知らないＯＬ〟が、

「回転寿司はよく食べます」

と言っていたことでした。彼女は冷麺は知らなくても、回転寿司の知識は私より上。食べたことないものというのは、実は世代によって大きく左右されるのです。マクドナルドのハ

ンバーガーがどんなにポピュラーでも、おばあさんは食べたことがない。また年上の人に「給食に出た鯨肉の話」をされても、私達にはピンとこない。

そう考えると、これからも「初めて食べるもの」にはまだまだ出会うことができそうです。

さて、次に私が初食いするものは、いったい何なのでありましょうか……？

天津甘栗のスローフード化

この前、「すでに皮が剝いてある天津甘栗《てんしんあまぐり》」が小さなパック詰めになってコンビニに売られているのを見ました。若者がスナック菓子感覚でそれを食べているシーンを見て私は、「天津甘栗もここまで来たか……」と納得すると同時に、少し寂しいような気もしたのです。

天津甘栗と言えば、駅の改札の横の方でおばちゃんが香ばしいにおいをさせて煎《い》りながら売っている、というのが今までのイメージ。夜、酔っぱらったおじさんが買ったりするという、ちょっとレトロなイメージでもある。

たまに食べると、天津甘栗はおいしいのです。爪《つめ》で皮を上手く切り裂いて、コロッと小粒の栗が出てくるのを見るのは、嬉しい感じもする。皮を剝くという作業そのものが、天津甘栗を食べる時の一つの楽しみでもありました。

だからこそ私は、「すでに皮が剝いてある天津甘栗」の登場に、ちょっとしたショックを受けたのです。皮が剝いてある天津甘栗なんて、犯人が最初からわかっている推理小説のようなものなのではないか？　と。

よく考えてみたら、確かに私も、天津甘栗をここしばらく食べた記憶が無いのでした。味自体は好きなのにそれはなぜなのかと考えれば、やはりあの皮のせい。袋を開ければすぐに食べられるチョコレートやポテトチップがどこにでも売られている今、一個ずつ硬い皮を剝かなければならないというその形態は、天津甘栗購入を阻害する大きな要因となるのでしょう。

今、「スローフード」という言葉がちょっとした流行になっています。すぐに口に入れられる食べ物が横溢《おういつ》しているからこそ、ゆっくり時間をかけて料理する食べ物を見なおそう、という動きが起きているのだと思うのですが。

もちろん、様々な意味で余裕がある一部の人は、時間をかけてスローフードを楽しむこともできましょう。しかしその他大多数の人は、やはり「もっとはやく食べられるものを」という気持ちを持ち続けており、そのファストぶりにはさらに加速度がついている感じ。その代表例が、「すでに剝いてある天津甘栗」ではないかと思うのです。

スーパーマーケットに行けば、ファストフードのための食材が色々と売られています。それはインスタント食材だけではありません。牛蒡《ごぼう》と人参《にんじん》の細切りがパックされた、キンピラゴボウセット。人参、里芋、筍《たけのこ》などが一口大にカットされたパックは、筑前煮セット。パックを開けて、炒めたり煮たりするだけで、我が家の味付けで手作りの惣菜ができるというものです。

私は、これは実に優秀な商品だと思います。「野菜を切って、あとはこのチンジャオロースーの素を加えて炒めればいいだけ」という味付け系の商品は昔からありました。が、忙しい時に最も面倒臭く感じるのは実は味付けという作業ではなく、野菜を洗ったり切ったりすることなのです。

さらに家族の少人数化も進んだ今、チンジャオロースーを作る時にピーマンを一袋、筍の水煮を一パック買っていたのでは、大量に余りが出る。そういった意味でも、あらかじめ下準備された野菜のパックは魅力的なのです。

とはいえ、あらゆる食材を、最も食べやすいようにあらかじめ準備しておいた方がいいかというと、これがまた違う。たとえば、枝豆。「すぐに食べられるように」と、茹でた後に豆を全部さやから出し、あとはスプーンですくって食べるようになっていても、あまり嬉しくはない。枝豆はやはり、さやから口の中に豆を投入するという作業があるからこそ「食べた」という気になるのであって、スプーンでザクザク食べても何ら有り難みは無いのです。

また、衣《きぬ》かつぎ。あれも、小芋が皮の中から顔を出す、あのヒョッコリ感を楽しむために存在すると言ってもいい食べ物です。だから最初から剝いてある里芋に塩と胡麻《ごま》が振ってあっても、グッとくるものはない。

私達の中にも、このようにちょっとした「スロー」を楽しむ心の余裕は、まだあるのです。しかし、「枝豆をさやから出す」とか「衣かつぎの皮を剝く」程度の我慢しかきかなくなってしまったところが、現代日本を生きる私達の私達たる所以《ゆえん》。同じ皮を剝くという作業でも、天津甘栗になってしまうと、もう「硬いから面倒くさーい」ということになってしまうのです。

何がファストフードで何がスローフードかという線引きは、時代とともに変化します。最初、鍋で煮るタイプのインスタントラーメンが発売された時は、さぞや「これは素早くできて便利！」と驚かれたことでしょう。きっとその時代は、天津甘栗もファストフードの範《はん》疇《ちゅう》に入る食べ物だったと思うのです。

その後、お湯さえ注げば食べられるというカップラーメンが発売されると、鍋を使わなくてはならないインスタントラーメンは面倒な感じになってきました。さらに、お湯を注いですぐ食べられる生麵《なまめん》タイプのカップラーメンが発売されると、従来の三分の待ち時間が、長く感じられるようになる。そしてとうとう、天津甘栗もスローフードの仲間入り……。

スローフードとなって以来、おそらく天津甘栗の売り上げは右肩下がり状態だったのだと思います。

「このままでは、天津甘栗がすたれてしまう！」

ということで、「すでに皮が剝いてある天津甘栗」の発売は、天津甘栗業界にとって起死回生の一策だったのではないでしょうか。そしてそれは今のところ、当たっているように思える。

今の若者は柔らかいものばかり好むというのも、おそらく「嚙む」という作業が面倒で、その時間を短縮させたいからなのでしょう。こうなってくると、さやから出された枝豆や、皮の無い衣かつぎ（といって、もうその名称もそぐわなくなってくるわけですが）が出てくるのも、時間の問題なのか。

そうしたら世の中では、さらにたくさんの皮剝き職人みたいな人が必要となってくるのでしょうが。実は皮剝き的な作業が嫌いではない私としては、歳をとったらその手のバイトをしてみるのもいいかもなー、などと思うのです。もちろん家では「あらかじめ切ってある野菜」を使用して、料理など作りつつ。

追記　その後、皮が剝いてある甘栗の成功に続き、すぐに食べられる枝豆のパック、とうもろこしのパックなどもコンビニで売られるようになった。皮剝き作業のアウトソーシングは、どこまで続くのか……。

料理本編集者の運命

料理雑誌や料理本の編集の仕事をしている知人が、何人かいます。そして彼女達はいつも、ブツブツと文句を言っている。すなわち、

「『うちには大さじが無いのだけれど、どうすればいいか』とか『オリーブオイルの代わりにサラダオイルを使ってもいいか』とか、本当にくだらないことをわざわざ電話して聞いてくる読者がいるっ。そんなのちょっと自分で考えればわかることではないか！　こっちは忙しいのだ！」

「『洋梨のシロップ煮を雑誌で見て作ったが、渋くなってしまった。どうしてくれる』という電話が読者から来たが、レシピの通りに作れば洋梨が渋くなんかなるはずはない！　こっちに責任をとらせようとするな！」

などと。

料理の本を作るのは、本当に大変なことらしいのです。料理を教える側の人というのは当たり前のことながら、料理が上手で、慣れていて、なおかつ才能も持っている人。ですから、

「ここで塩を適当に入れます」

ってなことになりがちです。しかし料理を教わる側の人は、料理が下手で、慣れていなくて、さらには才能も無かったりするので、「適当に」とか「少々」と言われてもハタと困ってしまい、それらの表現を自分なりに解釈することができない。で、深ーく悩んでしまう。料理上手な先生達と、料理下手の生徒達に挟まれる運命にあるのが、料理本の編集者達です。「適当」や「少々」をいちいちグラムやミリリットル、秒といった単位で計量し、噛んでふくめるようにレシピを書き起こす。しかしそれでもまだレシピを読解できない読者もいて、

「えーと③のところに『よく混ぜる』って書いてあるんですけど、これは手で混ぜるんですか、それともお箸で混ぜるんですか？　それで、だいたい何分くらい混ぜたらいいんでしょうか？」

などという質問が来る……。

その手の読者からの質問に対応するのは、とても疲れることだと編集者達は言います。内心、〝なんでそんなこともわからねぇんだこいつは、頭悪すぎる！〟と思いながらも、相手は読者だけに、絶対に邪険にはできない。

「大さじが無い時は、普通のスプーンを使って、味をみながら少しずつ足していかれるとい

いと思いますよ」

「混ぜるのは手でもお箸でも結構です。だいたい味が均等にいきわたったら出来上がりです」

などと、幼稚園児を相手にするように優しく対応するのだそうです。彼女達は本職の料理の先生でもなければ幼稚園の先生でもないので、あまりにもイライラが募ると、

「そんなことは自分で考えろーッ！」

と叫んで、電話を叩《たた》き切りたくなるのだそうですが。

料理本編集者達のグチを聞いていると、私は「へえ、そんな変な読者がいるんだぁ」とついつい笑ってしまうのですが、しかし読者の気持ちも、わからないではないのです。それはたとえば、私がコンピューターをいじっている時。どうしても理解できない事態が発生してしまい、取り扱い説明書に書いてある「問い合わせ先」とか「ヘルプセンター」に電話してみるのだけれど、あまりに自分がコンピューターの知識を持っていないものだから、どうやって質問をしていいのかすらわからない……なんてことが、私にはあります。さらには、

「○○は××の状態になっていますか？」

と相手側から質問されても、○○の意味も××の意味も理解できない。

「えーっとえーっと、よくわかんないんですけどとにかく突然止まってしまったのですがこ

こで電源を切ってもいいものかどうか……」

と、アウアウ言うのみなのです。

専門家がどうでもいいと思ってすっとばすようなことにも、素人《しろうと》はいちいちつまずく。専門家は、「既に理解している人のための言語」を使ってしまいがちであり、素人はそれが理解できずにオドオドし、それがまた専門家のイラつきを誘う。電気製品の取り扱い説明書がどれも一様にわかりづらいのも、わかっている人が書いている、からなのでしょう。

料理も、同じなのです。全くの料理素人は、〝自分が大さじを所持していないことは天をも揺るがす大罪なのではないか〟とおののくし、〝もしかするとオリーブオイルの代わりにサラダオイルを使用すると、この料理にはとんでもない化学変化が生じて、下手したら爆発とかしてしまうのではないか〟と、疑う。それは初心者にとっては仕方のないことなのであり、お母さんや姑《しゅうとめ》さんの代わりに、料理本の編集者は辛抱強く対応してあげなくてはならないのです。

今や料理本というのは、昔であれば娘や嫁に料理を教えていたであろう母親や姑の代わりをしています。小林カツ代や栗原はるみの味が、世の中の多くの人にとってはおふくろの味。そしてカツ代の味やはるみの味を伝播《でんぱ》するのは、きっちり計量してレシピを作る、編集者の役割。

料理本編集者は言いました。

「いやぁ、誰かに何かを教えるっていうことは、実は相手に知識を与えるってことではなくて、相手が何を理解していないかを知るっていうことなんですね……」

と。

その料理本編集者は、結婚も出産もしていないのです。が、全国の〝疑似娘〟達からの質問や意見にさらされ続けるうちに、すっかり子育てをしている気分になっているらしい。

私など、学生時代の参考書と同様、料理の本を買っても、「持っている」という事実にすっかり満足してしまい、一回も開かなかったりすることが多いタイプ。編集部に電話してまで作り方を確認するというその熱意の方に感動するのです。

コンビニの味や出前ピザの味がおふくろの味だったりする子も多い今、たとえトンチンカンな質問をしようとも、本を見てまでも料理をしようというその意欲は、すばらしいとすら言える。たとえ大さじでつまずこうとも、着実に料理の道を歩んでいただきたいものだと思います。

○○モード

○○モード、という言い方があります。たとえば、蕎麦が食べたいという気分になって、そういえば近くにおいしい蕎麦屋さんがあるから食べにいこう、と思う。しかしその店に行ってみたらあいにく定休日だった……などという時。

「えーっ、私もう蕎麦モードになっちゃったから、どうしても蕎麦が食べたいーっ」

ということになる。蕎麦屋さんまでたどりつく間、心と身体がすっかり蕎麦を受け入れる態勢を整えていたため、定休日だからといって、急にサンドイッチやパスタを食べる気にはならないのです。

テレビ番組でカレー特集などをしているのを見た時は、カレーモードになりがちです。「今日の夕食は昨日の余りの魚の煮付けがあるし……」などと思っていたとしても、猛烈にカレーが食べたくなってきて、コンビニにレトルトカレーを買いに走ったりするのです。

この、「テレビで見た○○が急に食べたくなる」というモードは、比較的対処がしやすいのです。カレー程度であれば、買いにいったり食べにいったりすることができるし、フォアグラとかフカヒレの姿煮が食べたーい、ということにたとえなったとしても、「そんなものは急に食べにいくことはできないわけだし」と、自分を納得させることができるのです。

しかし、「○○を食べようと思って楽しみにしていた時に、何らかの事情によって○○が食べられなくなってしまった」という時は、自分を納得させるのはなかなか難しいものです。

今でも覚えているのは、私がまだ小さい子供だった時代、父親が運転する車で海水浴から帰る時の話です。喉が渇いたので、車を路肩にとめ、母親が自動販売機で飲み物を買ってくることになりました。

私はその時、すごぉぉく、リンゴジュースが飲みたかったのです。

「私、リンゴジュースがいい！」

と勢いよく母親に頼んだ。

だというのに販売機から車に戻ってきた母親は、無情にも言い放ったではありませんか。

「リンゴジュースがなかったから、オレンジジュースにしておいたわ」

と。

私は、激しいショックを受けました。その時は「モード」という言葉など知りませんでしたが、今思えばその時の私は、完璧にリンゴジュースモード、だったのです。それは、決してオレンジジュースでは満たし得ないもの。

「だって私、リンゴジュースって言った……」

と茫然としてつぶやくと、

「なかったのだから、しょうがないじゃない！」

と、母。

その瞬間、私の中で何かがキレました。

「オレンジジュースなんか、いらないっ！」

と缶をはねのけ、車の後部座席でしくしくと泣き始めたのですね。

もちろん、その時は「キレる」という言葉も世の中には流布《るふ》していませんでしたから、親達から見れば「順子ったら、なに不貞腐《ふてくさ》れているの」という感覚だったのでしょう。私も、語る言葉さえ持っていれば、

「私はもう何時間も前からリンゴジュースが飲みたくてしょうがなかったのだ。それはオレンジジュースで代替できるものではなく、リンゴジュースが無かったのであればそんな私の気持ちを察して一言相談してほしかった」

と伝えたかったわけですがなにせまだガキ、泣いて眠るしかなかった。

その時は、なぜ自分が頑《かたく》なにオレンジジュースを拒否して泣いたのかも、よくわかっていませんでした。が、わからないながらも無性に泣けてきた。当時の私はまだ食べ物に対する

欲求が強くなく、特に飲み物に対してはほとんど無関心といってもいいほどだったので、ジュースごときの問題で泣いている自分に自分で驚いていたのです。

が、今ならわかる。「そうか、モード入ってたわけだよね……」と、子供だった私の肩を叩いてあげたい、という感じ。

そんな私ですから、今でもガッチリとモードに入ってしまう時が、たまにあります。中でも一番強固なのは、焼肉モード。

焼肉は、いつでも食べられるというものではありません。においがある食べ物ですから、翌日に人に会わない日を選ばなくてはならない。体調の良い日であることも必要だし、焼肉をおいしく食べるには、食欲の度合いが合うと同時に気も合う仲間と一緒でなくてはならない。

そんなことを考え合わせて、

「じゃ、明日は焼肉ね」

と決まった時がありました。時は年末。親しい女友達との二人焼肉です。

当日は、昼食も控えめにして、胃に十分なスペースを空けました。洋服も、においがついてもいいように、カジュアルなもの。「喰ったるでー!」と、青山のとある焼肉屋さんへと、向かったのです。

が、しかし。「普通の焼肉屋さんだし、予約なんかしなくていいでしょ」と軽い気持ちで行ったお店は、何と満員。待っている人までいるではありませんか。

「イタリアンとか、他のものにする……?」

と、友人は言います。が、私は既に、とっぷりと焼肉モードに浸ってしまっていたのです。もう絶対に、焼肉以外のものは食べたくない身体になっていた。そこで、

「いいや！　他の焼肉屋さんに行こう！」

と私は叫び、知っている焼肉屋さんが二軒ある西麻布へとタクシーを飛ばす。そこで「やれやれ、やっと……」と思ったら、何と二軒ともに待っている人の群れが！

私は、そこでも諦めませんでした。

「こうなったら意地でも焼肉が食べたい！」

と寒空の下、片方の店で三十分ほど待った末やっと席に座ることができたのです。

念願の焼肉にありついた時は、「焼肉を食べる」ということにすっかり達成感を覚え、おいしいのかおいしくないかもよくわからない状態でした。確かに満足はしたのですが、自らの中に棲《す》む「モード」という飼い慣らせない獣《けもの》の存在が、ちょっと恐ろしくも感じられた夜だったのでした。

腸のほそみち

私は便秘持ちなのですが、皆さんはいかがですか。女性同士で話していると、「あの便秘薬はイイ」「私なんか既に規定の量では薬が効かなくなってしまっているので倍量飲んでいる」などと身を乗り出して便秘のネタに乗ってくる人が八割。あとの二割は、「私はピーピー系。しばらく固形のうんちは見たことがないなぁ」という感じ。ごく普通の便通生活を送っている人はいったいこの世のどこにいるのだろうか、という気持ちになってくるものです。

食べたら、出す。これは当たり前なことなのです。しかし私のような便秘者からすると、食べることの容易さに比べて、出すことは何て難しいのだろう、と思えてしまう。ピーピー系の人や、ごく稀《まれ》に存在する「私は自らの排便生活に何ら問題を感じていません」というタイプの人にとっては、一日排便をしないだけでもうそれは便秘状態なのだそうですが、便秘者にはそんな感覚が理解できません。便秘者にとっては、一日どころか三日、四日、五日くらいの無排便も当たり前なのですから。

便秘者とピーピー系の人が一緒に旅行をすると、お互いの排便感覚の違いに驚きを感じるものです。旅の夜、

「今日はまだ一回もうんちをしていない！　困った！」

とピーピー者が動揺しているのを見ると、便秘者は非常にびっくりする。「一回も」ってことは、普段は一日に何回もうんちをしているのか？　でもって、一日排便をしないことがそんなに大変なことなのであろうか？……と。

便秘者としては、旅先でうんちが出ることの方が、異常。三泊四日の間中に一回も排便は無いであろうな、という予想のもとに旅をしているのです。旅の帰途、

「私、旅行中に一回もうんちしなかったよ」

と平然と言う便秘者を、ピーピー者は〝バケモノ……〟という目で見るのでした。

三日四日の無排便は当たり前の便秘者も、しかし無排便状態が一週間に近くなると、さすがに不安になってきます。うんちは、していない。だというのに、食事の時間になると当たり前のようにお腹が空き、ガッチリ食事をしてしまう。いっぱい食べれば物理的な法則のもとにうんちは押し出されるのではないか、と思っても、腹部にはまるで動きがない。そしてまた次に食事時間が近付けばお腹が空いてガッチリ食べて……。

私は、このように便秘生活も佳境にさしかかってくると、そら恐ろしいような気持ちになるのです。この五日とか六日の間に私が食べたものは、膨大な量に達している。だというのに私はその中のひとかけらも、体外に排出していない。バケツいっぱいにもなろうというほどのあの食物は、いったいどこに行ったというのか、と。

そういえば、昔読んだ筒井康隆の小説に、「食べても食べても排便しない男」についての話がありました。確かその男の胃はブラックホールのようなものと繫《つな》がっていて、食べたものは全て異次元へといってしまっていた。しかしある時、異次元へいったはずのものがまとめて戻ってきそうな予兆が……というお話だったように思う。

自分の便秘が長引くと、私はいつもこの小説を思い出すのです。〝いったい私の身体の中はどうなっているのか。本当に、食べたものが全て異次元へとワープしてしまっているのではないだろうか？〟と。

もちろん、事実は小説ではありません。私の身体の中には、確実に食べたものがたまっているのです。空腹感は覚えるものの、それは快便時の空腹感とは異なる、鈍いもの。すでに堆積物《たいせき》が食道のあたりにまで達しているのではないかとおののきつつ、私はそれでも食事をするのです。

そんな時、食事をしながら考えてしまうのは、やはり体内のこと。

「わぁ、やっぱりトロはおいしいわねぇ」

などと寿司を食べながらも、考えているのは〝私が今咀嚼しているこのトロは、果たして身体の中のどこに納まるのか。そしていつ、この寿司は再び体外へと排出されるのか。うーむ、全く見当がつかないなぁ〟などと思っている。さらには、〝今、隣で一緒に寿司を食べている人は、私の身体の中にはうんちがぎっしり詰まっていることなど、知りもしないのだろうなぁ。ああ、透明人間じゃなくてよかった〟とも思っている。

こんな私も、体調によっては快便の時期もあるのです。すっかり排便貧乏性になってしまっているので、毎日一回便通があったりすると、〝こんな贅沢なことをしてしまってもいいのか！〟と、自らの幸福を疑いたくなる。さらに快便期が少し続くと、〝きっと私の便秘はもうすっかり治ったのだわ！　らららんらーん〟という気持ちにもなるのですが、結局はまた便秘生活に戻るというのが常。

テレビ番組や雑誌では、「便秘解消法決定版」とか「頑固な便秘を簡単退治！」といった特集をよくやっています。それらを見てみると、結局はストレスをためず、繊維質のものを多く食べ、適度な運動をし、便意を我慢しない、といった今までさんざ言われてきたことが繰り返されるのみ。便秘者達は、〝だからそれは知ってるけど簡単には実行できないから困ってるんだってばー〟と、心の中でつぶやいている。

ああ、便秘は不治の病なのか。便秘が長引いた時、寝床に入ると心なしか便秘のせいで心臓が弱ってきたような気もしてきます。〝ああ、朝起きたら便秘で死んでいて、新聞の見出しに『一人暮らし女性、ふんづまり死』とか見出しが出ちゃったら、親は嘆くだろうなぁ〟などと思う哀しさよ。

最近、実家の父も便秘気味なのだそうです。

「センナはお腹も痛くならないし、いいよ」

「えっ、何時頃に飲めばいいの？　食事の前？」

などと、父と娘で便秘談義をしていると、まさに同病相哀れむ効果で、しみじみした気分になってくるもの。もしも便秘に功があるとしたら、こんなことなのかもしれません。

……ということで気がつけば、「食のほそみち」と言いながら今回は「腸のほそみち」といった話になってしまいましたが。お下劣な表現の数々、お許し下さいませ。皆さんの快便生活を、心よりお祈りしております。

食事の句読点

私は食事の後に必ず、甘いものを食べたいと思う性質《たち》の者です。理由というほどの理由は無いのですが、子供の頃からずっと「食事の後には甘いもの」という食生活をしてきたせいで、既に習慣となっているのです。

中学・高校時代は、母が作ったお弁当を持って学校に通っていましたが、そこには必ずデザートがついていました。果物やゼリーの時もあれば、時には別のタッパーにケーキが入っていることもあり。ごはんの横に、ラップに包んだ羊羹《ようかん》がひときれ、というのもよくあるパターンでした。お弁当を食べ終えた後、羊羹をチビチビ食べながら友人とおしゃべりする時間が、私は嫌いではなかった。

今、お昼時にパンを買う時に私が最も選びやすいのが、カレーパンとあんパンという組合せです。私の中では、カレーパンは食事で、あんパンはデザート、という認識。二個のパンはそれぞれ「起」と「結」を示すのです。カレーパンとコロッケパン、といった甘くないパン同士の組合せでは、私は決して満足できないことでしょう。

とはいえお昼は、少し我慢すればおやつの時間があるから、まだいいのです。私が最も耐えられないのは、デザートの無い夕食、です。

世の中には、イタリアンやフレンチを食べても、

「あ、僕デザートは結構です」

などと言う人がいるものです。が、私はその手の心理が理解できない。私にとって、食事の後の甘いものは「モーニング娘。」の「。」のようなもの。デザートを食べずに食事を終えるなど、文章の最後にマルを書かずに終えてしまうようで気持ち悪いことこの上ない上に、それまで食べてきた食事の価値まで半減させるような気がします。

デザートを断る人を見ると、

「あらぁ、甘いものはお嫌いなんですね」

などと言いつつも、〝……つまんねぇ野郎だなぁ……〟と心の中でつぶやいている私。ま、これは、

「お酒、飲めないんです」

と私が言う時に、飲める人が示す反応と同じなわけですが。

私は、食事の後にはその食事の価値に見合ったデザートを食べてシメたい、と思うのです。ロイヤルホストでカレーを食べたとしたら、ロイヤルホストのパフェが食べたい。また、イ

タリアンのコースを食べたとしたら、それなりにゴージャスなデザートを食べたいです。

日本料理では、デザートというものにあまり重きをおいていない店があるものです。八寸だの先付《さきづけ》だの、ゆっくりと時間をかけて色々なものを食べる。……のに、〝うーん、「お食後」は何かしら〟と期待していても、出てくるのは単に切っただけの果物だったりすることが少なくない。こちらとしては、料理と同じくらい手のかかった甘いもので「終り」を宣言したいのに果物だけでは物足りず、帰りにカフェに寄ってケーキを食べたりしてしまうのです。

そもそも和食では、食後に甘いものを食べるべきという概念が弱いのだと思います。寿司屋さんや天婦羅屋さんにおいて、食後に甘味が出てきた記憶はあまりない。っていうか、もしあったとしても、寿司屋さんのカウンターで生魚を目の前にしながら甘味を食べたいとは思わない。

そんなわけで寿司でも天婦羅でも、私は和食を食べた後に、絶対にもう一軒、甘いものが食べられる店へ行きたいのです。寿司屋さんで最後に海苔巻きか何か食べている時点で、心は既に甘味を欲している。

が、しかし。一緒にいる人がデザート派ではなかったりすると、私は非常に困惑します。

「甘いものを食べに行きたいっ」

と申し出れば、相手も嫌とは言わないでしょうが、〝もっとお酒が飲みたい〟と思っている人をケーキ屋に連れていくのは拷問に近い行為のような気がする。結局、

「一杯、いきますか」

という言葉に従って、お酒が飲める店に行ってしまうのです。

最近は私のような者の需要を見込んでか、ちょっと手のかかったお菓子などを用意しているバーも、少なくありません。私は、〝そんな店でありますように〟と祈りつつ、お酒を飲む店に入る。しかし、メニューに目を走らせてみても、唯一ある甘いものはやっぱり、チョコレートだけ。私は〝ああ、あんなにすばらしくおいしかった寿司を、キスチョコごときでシメたくない……〟と、ペリエなどをチビチビ飲むのみ。

ふと気がつくと、甘いもの食べたさのあまり、その店ではほとんど心ここにあらず状態の私。解散となった途端、

「じゃ、また！」

と走ってケーキ屋を探してみるものの、店が開いている時間でもなし。結局、家の近くのコンビニでエクレアなど買って、〝なんだかなぁ……〟と納得しない気持ちで食べたりするわけですが。

私達は、「ごちそうさま」と言うことによって、食事を終えるという習慣を持っています。

が、あくまで「ごちそうさま」は言葉でしかない。本当は人それぞれ、食事に句読点を打つために身体で覚えた習慣があるのです。それが私の場合は、甘いものを食べること。他の人の場合は、お酒を飲むこと。または煙草《たばこ》を吸うことだったり、お茶やコーヒーを飲むことだったり……。

食事の終了習慣というのは、実に人それぞれなのです。その習慣を知らぬ者同士で一緒に食事をし、何となく〝食べ終った気がしないなぁ……〟とイライラしている人は、私だけではあるまい。

そう考えてみると、昨今流行りのカフェは、多くの人の〝食の終了習慣〟を叶えてくれる業態です。遅くまで営業しているので、寿司や天婦羅を食べた後にでも行くことができる。お酒も飲めるし、煙草も吸えるしコーヒーの類もある。そしてもちろん、甘いものもある。「お洒落」とか「気軽」とか、カフェが流行した原因は、様々あることでしょう。が、人々の〝食事はこうやって終らせたい〟という様々な欲求をすくいとることができたという部分も、カフェの勝因の一つ。何事も終りが肝心と言いますが、カフェとは食事の「終らせ屋」でもあるのだなぁと、思います。

棒モノ食品への憧れ

先日、タクシーに乗っていたところ、

「これ、よろしかったら……」

と、運転手さんがカゴに入った飴を差し出してくれました。カゴの中には色々な飴が入っていたのですが、不二家の棒つきペロペロキャンディもそこにはあった。

「あっ、これ……」

と、ペコちゃんの絵が包み紙に描いてある赤いペロペロキャンディに思わず手をのばし、ペロペロと舐め始めた私だったのですが。


その感覚は、実に懐かしいものでした。指でつまんだ紙の棒を口から出し入れしつつ味わう、飴の味。平べったい飴がだんだん薄くなってきて、舌に刺さるようになる感じ。ずっと口の中に入れたままにして嚙みしだいたりすると、ふやけてほどけてしまう、紙製の棒の感覚。タクシーの後部座席にて青山通りの風景を眺めつつも、ペロペロキャンディがもたらしてくれた郷愁と興奮に私は、しばし身を任せたのです。

ペロペロキャンディを舐め終り、白い棒を手にして私はふと思いました。なぜにこうも、ペロペロキャンディは私を興奮させたのか、と。

思えばそれは、子供時代に端を発していたのでした。あの頃は棒つきのキャンディを目の前にするだけで、興奮状態に陥ったものです。あまりものを欲しがらない私ではありましたが、お店で棒つきのグルグルのうず巻きになった大きなキャンディを見て母親にねだり、

「あんなに大きなの、全部舐めきれないいんだからやめておきなさい」

なんて言われて、ガックリしたことも覚えている。確かにそんな大きな飴を舐めきるのは私には不可能だったでしょうが、私は無性にその飴を握って、べろーんと舐めてみたかったのです。

飴だけではなく、赤塚不二夫のマンガに出てくる串刺《くしざ》しのおでんにも憧れました。しかし家で食べるおでんは串に刺さっておらず、親に串を一本もらって刺してみたりしたのですが、どうもマンガのおでんのムードとは違う感じがした。自分で串に刺したのではいかんのだ、とその時は思った私。

やはり、「棒」は人を興奮させるのです。棒という、食品ではないものが食品と合体することによって、ちょっと特別な、非日常的な感覚がそこに生まれる。あんず飴や綿あめ、リンゴ飴にべっこう飴といった、お祭りの屋台で売られる飴の類には棒がつきものというのも、

その非日常感を演出するためなのでしょう。

棒がついているのは、飴だけではありません。肉や野菜を串刺しにして焼いた料理は、世界のあちこちに存在します。バーベキューにおいても串モノは定番ですが、外で肉や野菜を焼いて食べるという興奮に、串刺しのものを食べるという興奮が重なり、私達はかなりのハイテンションで串焼きにかぶりつくことになる。

中でも日本の焼き鳥は、私達には最も親しみ深い棒料理です。焼き鳥が棒(っていうか、串)に刺さっておらず、ただ焼いた鶏が皿にのっているだけの料理であったとしたら、ここまで焼き鳥は人気を得たでしょうか。やはり串を手で持ち、そこから直接食べるという食べ方であったからこそ、焼き鳥は今の地位を獲得したのではないかと思うのです。焼き鳥のみならず、箸やナイフやフォークを使わずにそのまま棒だの串だのにかじりつき、普段は眠っている野生の血に刺激を与えられるところが、棒モノ食品の魅力でしょう。

棒モノ、串モノは決して上品な食べ物ではありません。棒についた飴の類にしても、大人が街中で食べるのはちょっと憚《はばか》られる。焼き鳥にしてもしっくりくるイメージはガード下であって、〝超高級お座敷焼き鳥店〟みたいな存在は聞いたことがない。

だからこそ私達は、棒モノ、串モノに焦《こ》がれるのだと思うのです。棒についた食べ物を口に入れるには、大きな口を開けなければならない。そして、棒についた飴を舐めるには、舌をペロッと出さなければならない。既に大人になって、口を大きく開けたり舌を出したり入れたりという行為を人前ではしないようにして生きている人は、棒モノ食品を食べる時だけ、子供に戻ることができるのです。

棒モノ食品は、私達の精神を解放する役割も持っているようです。たとえば観光地においては、玉コンニャクや里芋やダンゴやイカといったその土地の名物を串刺しにしたものがよく売られています。それらの食べ物を買い、味噌だれや醬油が洋服にこぼれないようにと注意しつつ、そして「あちあち」などと言いつつ串にくらいつくのは、旅の楽しみの一つと言ってもいいでしょう。

自分が住んでいる街においては、路上でものを食べることなど決してないのです。しかし観光地においては、なぜか許されるような気持ちになる。串を握り締めて口から出し入れするなどという下品な行為を人前にさらすことによって、そして、〝ああ、旅行をしているのだなぁ〟という気分を深めたりする。

お祭り、バーベキュー、そして旅行。やはり私達の非日常の時間には、棒モノ食品が欠かせません。タクシーの中でペロペロキャンディを舐めた時も、それがあまりに思いがけなかったため、ほんの十分ほどではあったけれど、普段とは違う気持ちになることができた。

その体験があまりに新鮮だったので、スーパーに行った時、私は不二家のペロペロキャンディの袋を、つい買いそうになったのです。家にペロペロキャンディがあれば、いつでもあの喜びを味わうことができていいのではないか、と。

しかし少し考えて、私は買うのをやめました。棒モノ食品は、非日常的体験をしている最中に味わうからこそ、嬉しいもの。もし棒モノが家に常備されていて、いつでも食べられるという事態になったら、棒モノがもたらしてくれる喜びと興奮は半減してしまうに違いない。棒モノは、身近に置いてはいけないものなのだ……と思ったから。

たまにしかありつけないからこそ、棒モノはおいしく、そして愛《いと》しい。予期せぬ棒モノとの邂逅《かいこう》を求めつつ、私は再び、日常の中へと戻ったのでした。

はくなら食うな

ヒップハングの細身のジーンズを、最近購入しました。様々な男性誌において、

「パンツが見えても平気なのか」

「尻《しり》の割れ目が見えそうだ」

「そもそもなぜあんなものが流行るのだ」

と、様々な物議をかもしている、股上《またがみ》が浅いズボン、のことです。

とはいえ私はギャルではないので、股上が浅いとはいっても、パンツが見えるほどではない常識的な浅さ。さらには自らの年齢も自覚し、腹出しも自粛《じしゅく》しておりますので、その辺はご容赦いただきたいのですけれど。

細身のヒップハングのジーンズは、しかし購入するにも一苦労でした。お店において、

「お客様でしたら……、この辺のサイズですね」

と差し出されたものは、見るからに普段はいているジーンズよりも相当細い。〃うっわー、入らなかったら恥ずかしいなー〃と思いつつ試着室ではいてみると、案の定お腹のボタンが

はまりません。

「あのぉ、入らないんですけどぉ」

と、試着室のカーテンをそっと開けて店員さんに告白すると彼女は、

「あっそれはね、入れるんです」

と事もなげに言い切る。

「入れる？」

と茫然としていると彼女、

「ちょっと失礼しますよー」

と、左右に五センチは開いているジーンズのボタン部分を、「ハッ」という気合いもろとも、ひきよせる。そして、

「今ですっ、ボタンかけて下さいっ」

と指令を出すので、私はあわててボタンを留める。

「ホラ、入ったでしょう？」

と店員さん。

確かに、入ってはいる。鏡を見てみればおお、そこには細身のジーンズをはいている私の姿が！

満更でもないじゃん……などと一瞬みとれていた私ですが、ふと我にかえりました。今は店員さんに手伝ってもらったから無事にはくことができたけれど、一人の時はどうするのだ。一人でははけないジーンズってのも問題ではないか？

その不安に、店員さんは答えました。

「すぐに慣れます。みーんなこうやって、押し込んではいてるんです」

と。

細身のヒップハングをはいている人はどうやら皆、このような苦労をしているらしいのです。あれはただ漫然とはいているものではなく、寄せて上げるブラジャーを装着する時のように、「人為的な肉の移動」というものによってどうにかこうにかはいている、という類の衣服だった。

新事実の発見に感動し、私はつい、そのヒップハングジーンズを購入してしまいました。次の日におそるおそる一人ではいてみると、何とか入った。動いてみても、さほど無理はない。ちょっと浮き浮きした気分で、私はそのまま友人との食事会へと向かったのです。それが地獄の始まりだとは知らずに……。

その夜の食事会は、ジーンズをはいて行けるほどにカジュアルな、しかしとてもおいしい和食屋さんで行なわれました。いつもであればたらふく食べた末にごはんのおかわりまでしてしまうというお店です。

しかし、その日は様子が違いました。二品目くらいから、既にお腹がいっぱいな感じなのです。〝おかしい？〟と思いながら三品目、四品目と進むと、もう食べたくないと思うほど、苦しくなってくるではありませんか。普段の私の食欲を思うと、考えられない事態です。そしてふと下の方を眺めた時、苦しさの原因がわかりました。ヒップハングのジーンズが、キリキリと私の下っ腹に食い込んでいるではありませんか。

起こるべくして起こったことではあるのです。従来のズボンであれば、食べすぎてもウエストの最も細い部分に食い込むだけなので、まだしのげます。ストレッチ素材であれば、なおさらでしょう。

ところがヒップハングは、下っ腹の最も肉が豊富についている部分に、ズボンの上部が食い込む。さらにジーンズは伸縮性がありませんから、食い込み方にも容赦はありません。もうほとんど、下腹部が鬱血《うつけつ》しそうな感じです。

尋常ではない苦しさに耐えかね、私はそっとジーンズの上のボタンを外しました。多少はラクになりましたが、それでも腰の部分が全体的に細身に作ってあるため、まだまだ苦しさはなくならない。

そこに運ばれてきたのが、最後のお味噌汁とごはんに、お漬物。私がとても楽しみにしている三点セットではありませんか。〝ううう、食べたい……、でも苦しい……〟と悩んだ末、私は〝どうせ誰も見ていないだろう〟と無理矢理思い込み、一気に股のチャックまで下ろしたのでした。ああ、その時の解放感と言ったら！

ジーンズのボタンもそしてチャックも全開にして、私は無事、完食しました。食事を終え、再びボタンとチャックを閉じるためにトイレへと立つ時、バレないようにとバッグで前の部分を隠しながら歩く姿が不審であったことは、言うまでもありませんが。

帰り道、腹ごなしと称してぶらぶらと歩きつつ、私はとある教訓にたどり着いたのです。それは、

「ヒップハング、はくなら食うな、食うならはくな」

というもの。たらふく食べたい時にヒップハングのジーンズをはいてくるなど、もってのほか。もしもお店がお座敷だったりしようものなら、座ることすらできないかもしれません。

街中でヒップハングの細身のズボンをはいている娘っ子達が皆、とても痩せている理由が私はやっとわかりました。彼女達はおそらく、必死にダイエットをして細身のパンツが似合う体型をキープしているわけではない。少し食べただけでもすぐに満腹になってしまうヒップハングの細身のパンツを愛用しているがために、太りようがないのです。

地獄の満腹食事会を終え、家に帰ってやっとのことでジーンズを脱ぐと、私の下っ腹には

赤々と、ジーンズが食い込んだ跡が残っていました。ヒップハングダイエット、確かに効きそうではあるが、決して身体に良さそうでもないな……と、それからしばらくヒップハング に手を出せないでいる、私です。

私の落ち込み解消法

その時、私はとても落ち込んでいました。〝ああ、私って何て駄目な人間なのであろうか……〟と思いつつ、トボトボと道を歩いていた。

もうすぐ暗くなろうか、という夕暮時。街は楽しそうに友人や恋人と歩く人でいっぱい、のように見えます。そんな中、私は一人で肩を落として、ため息をつきながら歩く。

私は、落ち込んだからといって食欲が無くなるような人間ではありません。落ち込んだら落ち込んだなりに体力を消耗し、ともすればいつも以上にお腹が空いてしまう。その時も、空腹感と空虚感、両方を抱えつつ、私は街を彷徨《ほうこう》していたのです。

何を食べようか、と私は思いました。スーパーで買い物をし、家に帰って食事を作って食べるのが最も良い方法であるということは、わかっています。しかしその時の私には、買い物をして料理をする気力などまるで無かった。料理のアイデアも、まるで浮かばない。

テイクアウトのおかずを何品か買ってごはんだけ炊けばいい、とも思ったものの、ごはんを炊くことすら、面倒でした。かといって外で一人で食べるのはもっと嫌。ああ、私はこんなにお腹は空いていて、街には食べ物がどっさり溢れているというのに、何を食べたらいいかわからないなんて……。と、惨めな気持ちはさらに募ります。

と、そんな時に目の前に現われたのが、ケンタッキーフライドチキンのお店の前に立つ、カーネル・サンダースさんの等身大人形でした。〝ケンタッキーかぁ……〟と、私は一筋の光明を見たような気持ちになった。

私は、ケンタッキーフライドチキンが大好きというわけではありません。既に大人である私にとって、ケンタッキーは少々くどい。味も濃いしあぶらっぽいし、決して身体に良さそうな感じはしない。さらに言えば、大人である自分がファストフードの店で買い物をしている図、というのもどうも美しくないような気がする。

しかしその時、私は思ったのです。〝落ち込んでいる時くらいは、とことん堕《お》ちてみていいのではないか？〟と。

そして私は、フライドチキンを購入しました。カロリーや栄養価のことなど何も考えず、フライドポテトだの甘いデザートだのまで一緒に買って、家に帰ったのです。

帰った途端、私は空腹のあまり袋の中に手を突っ込んで、フライドポテトをむしゃむしゃと食べ始めました。無論、手など洗っていません。もうほとんど〝どうにでもなれ〟というやさぐれ気分。少し落ち着いたところでラクな服装に着替えて、テレビをつける。やっているのは、くだらないバラエティー。私はフライドチキンを袋から出し、かぶりつきました。舌に染みいる濃いスパイスの味。したたる油。たまにテレビを見ながらニヤッと笑う唇も、もちろん油でヌラヌラと光っている。

……およそ考え得る限りは最悪の、食事風景ではあるのです。が、全て食べ終えて、骨だの袋だのをゴミ箱へガサッと投入した後、私の心は妙に軽くなっていました。堕ちるところまで堕ちた、もうこの先は無いに違いない、という感覚を得たからなのでしょう。

今、私達は様々な「正しい食の情報」にさらされまくっています。みのもんたのテレビを見れば毎日、目にはこれ、脳にはこれ、腎臓にはこれ……と、身体に良い食べ物が紹介される。新聞を見ても雑誌を開いても、健康に美しく生きていくにはどんなものを食べたらいいか、懇切丁寧《こんせつていねい》な指導がなされている。そんな中で、食べることをおろそかにすると恐ろしいことになる、という強迫観念が私達の中には生まれている。

私も、普段は気を遣っているのです。なるべく出来合いのものは買わず、自分で栄養のバランスを考えて食事を作る。外食をする時も、野菜を多く食べるようにする。毎朝食べるヨーグルトには、プルーンときな粉を投入する。あ、豆腐や納豆も良いって言うし青魚や海藻も食べなくちゃならないしあとカルシウムは？　リンは？　鉄分は？……などと考え始めるとキリがない。おそらくは相当の「健康に良いものを食べなくちゃストレス」を抱えているのだと思います。

落ち込んでいる時には、ですからそのストレスまでもが溢れ出るのでしょう。本当は、落ち込んでいる時にこそ凝った料理を作る方が精神衛生上は良いということはわかっているのですが、そんなことをする気力は無い。

そんな時にヤケクソ気味にやってみるのが、ケンタッキーによる逆療法なのです。ふん、落ち込んでる時にまで身体にいいものを食べなくたっていいじゃん。こんな時くらい、普段はとても食べる気にならないような思いっ切りジャンクなものを、むさぼってやるーっ！……と、なる。

思い起こしてみると今までも私は、一年に一回ほど、ケンタッキーフライドチキンを食べる機会があったのでした。それはどれも、何らかの理由で落ち込んだ時。〝あーもう、喰っちまえ！〟という気持ちになってしまう。

フライドチキンを食べ終った後、油でギトギトになった手を見つめていると、ちょっとした罪悪感は湧いてくるのです。〝ああ私、こんなことをしてしまった……〟と、血染めの我が手を見る犯罪者的な気分になる。

しかしその後は、妙に落ち着いてくるのです。おそらく肉体的にも、高いカロリーを摂取したことによって血糖値が上がり、元気になるのだと思う。精神的にも、〝まぁここまで堕ちたことだし、そろそろいっか。今日はこんなものを食べてしまったから、明日からはちゃんとしないとなー〟と、落ち込むことに飽きてくる。

かくして私は、ケンタッキーフライドチキンによって平常心を取り戻すことになるのでした。ケンタッキーの店の列には、私と同じ年頃の女性も、見ることができます。もしかして皆、落ち込んだ気持ちを抱えてここにやってきたのかしら、と思うと何だか仲間に会えたような気持ちになる私。

とはいえこの落ち込み解消法、確かに効果的ではあるものの、栄養面やカロリー面では副作用も大きそう。多くとも一年に一回程度に止《とど》めておきたいものだ、とは思うのでした。

稲庭うどんのカルボナーラ風

先日、秋田を旅行していた時の話。私は、非常に良いお湯が出ることで有名な、とある温泉旅館に宿泊しました。温泉は期待にたがわず、肌はツルツルに。建物も清潔で、従業員のサービスも悪くない。私はすっかり満足した気分でいたのです。

やがて、夕食の時間となりました。秋田といえば、きりたんぽ、しょっつる、ハタハタにいぶりがっこ……と、名物がどっさり。私はかなり期待をして、臨みました。

正直に言ってしまうと、前菜のようなものが出てきた時に、悪い予感はしたのです。それは、ポーチドエッグの黄身の周辺を、マヨネーズ系のソースで和《あ》えられたホタテの刺身が囲んでいるという一品でした。

その一皿からは、料理人の並々ならぬ気合いというか、自己主張のようなものが感じられました。つまりは、「私は単なる温泉旅館の料理人ではないのだ。料理に対して常に創意工夫を忘れない、こだわり派なのだ！」という声が、聞こえてくるような感じがした。

その後は、刺身や小鍋など、ごく普通の旅館料理が出てきました。食べきれないほどの量がテーブルに並ぶ、という昔風の旅館メシでもなかったので、私は〝さきほどの心配は杞憂《きゆう》であったのか〃と、少し安心したのです。

が、食事の終盤、

「ではもう、最後になりますのでお食事の方、ご用意してよろしいですか」

という段階になって、私はのけぞったのでした。

「お食事」と言うからには、炊きたてのおいしいあきたこまちにいぶりがっこかなぁ……といった夢想を抱いて楽しみにしていたのですが、仲居さんは何だかとても誇らし気に、

「稲庭うどんのカルボナーラ風でございます！」

と宣言した。

私は、

「あうっ……」

としか、言うことができませんでした。そして胸の中では、怒りとも哀しみともつかぬ感情が、日本海の荒波のようにしぶきをあげていた。〝どうして稲庭うどんを普通に食べさせてくれないんだよーう……〃と。

皿の上の稲庭うどんは、クリームソースまみれになっていました。一口食べてみると、うどんは見事なほどにモッタリとした舌触りに。思わず目を伏せてしまうと、そこにまた仲居

さんが登場し、

「どうですか、お口に合いますか？」

と、天真爛漫《らんまん》な表情で問う。その表情は、彼女が稲庭うどんのカルボナーラ風というものの存在の正しさを絶対的に信じていることを感じさせ、「合いません」とは決して言えない雰囲気。そこで私はまた、ヘラヘラとした笑いを浮かべながら、

「あっ……」

としか言うことができなかったわけですが。

しんみりした気持ちで稲庭うどんのカルボナーラ風を食べながら、私はどうしてこのようなものが出てきてしまったのかを考えました。発想としては、理解できるのです。納豆味とか明太子味など和風パスタがあるのだから、洋風うどんがあってもいいではないか、という案が浮かぶのは普通だと思う。また観光地の料理人さん達は、常に同じ名物料理を作り続けることに飽きてしまい、ついつい工夫したくなる心情も理解できる。

しかし、食べる側はいつも同じではないのです。旅行者は何年かに一度、いやもしかすると一生に一度しか秋田に行かないかもしれません。その時に欲するのは、やはり稲庭うどんカルボナーラ風ではなく、ごくごくスタンダードな、つゆをつけて食べる稲庭うどんなのではないか。

もしかして、とその時私は思いました。私のような東京からの旅行者のためではなく、近場から行楽で訪れている人、つまりは稲庭うどんを食べ慣れている人のために、稲庭うどんカルボナーラ風は開発されたのかもしれません。普通に稲庭うどんを出すのでは近場に住む人には当たり前すぎるから、ちょっと都会風の味に……という目論見《もくろみ》も、あったかもしれない。

それでも私は納得できないのです。もし近場の人に珍しい味を提供したいがためにカルボナーラを作るのであれば、稲庭うどんなど使用せずに、本当にスパゲッティを使用した方がよっぽど親切なのではないか。結局、稲庭うどんのカルボナーラ風は、遠くから来た者にも近くから来た者にも満足感を与えることができない。ああ、どうしてこういう張り切り方をしてしまうのだ……。と、やり場の無い気持ちを抱いて私は食事を終えた。

その後何回もお湯に入って肌をツルツルに磨きあげ、私はとりあえず満足したのです。が、稲庭うどんカルボナーラ風のことはどうしても忘れることができなかった。

私はそこに、現代の〝料理人ブーム〟の弊害のようなものも、感じました。有名料理人がテレビに出たり本を出したりと、スターのように扱われている昨今。そんなスター料理人達を見て、ごく普通の市井《しせい》の料理人達が〝自分もああなりたい！〟と思う気持ちは、わからないではない。何かこう、無理矢理にでも料理人の個性を打ち出そうという料理が増えているような気もしますし。

しかしこと観光施設においては、その野望は持たない方がいいのだと思うのです。旅行者達は、意外に保守的です。と言うより、その土地におけるスタンダードを知らないのだから、まずはそこから知りたいと思うのが人の常、なのではないか。毎日稲庭うどんを茹でるのはつまらないかもしれないけれど、それはひとつ、宿命と思っていただいて……。

などと思いつつ、東京に帰った私。翌日、秋田旅行の思い出などを話しつつ知人と和食店で食事をしていたところ、なんとその食事の最後に出てきたものは、私が欲してやまなかった、ごく普通の稲庭うどん。

「あっ……」

と、私の喜びは声にならず、夢中になってうどんをすすったのです。

捨てる神あれば拾う神ありとは、このようなことを言うのか。キリリと冷えた稲庭うどんは実においしく、〝でも、東京でも食べられるんだったらまァいっか……〟などと思った私だったのでした。

日本的「同性食文化」

土曜の昼下がり、とあるイタリアンレストランへと行きました。そこは今人気のお店であり、全席が埋まっています。が、何かがおかしい。

さてこの奇妙な感じは何なのだろうか……と考えてみたところ、わかりました。私の連れはたまたま男性であったわけですが、その男性以外は、十五ほどあるテーブルについている客の全員が、女性だったのです。

左には、二十代後半とおぼしき女性の五人組。右には、その三十年後という感じの女性五人組。その隣は、三十代風の女性二人組、さらにその奥にも……というように、見渡す限りひたすら女性同士の客が座っています。

「料理は確かにおいしい……けど……、何だか変だよなぁ」

と、〃黒一点〃状態の私の連れは居づらそうにしていた。

このような風景は、しかし珍しいものではありません。とある平日の午後に女友達と銀座を歩いていて、お茶でも飲もうと新しくできた資生堂ビルの中のパーラーに、入りました。

するとそこのお客さんも、ざっと見たところ全て、女。

隅っこの方に、かろうじて老夫婦の姿を発見することはできたのです。しかしさすがに気まずいのか、彼等はすぐに出ていってしまった。〝ああ、とうとう男性がいなくなってしまった〟と思った時に入れ替わるように入ってきたのは、お母さんに連れられてきた幼稚園くらいの男の子。〝もし今、この空間だけが他に誰も人がいない異次元空間へタイムスリップしてしまったとしたら、世の中にいる唯一の男性は、あの男の子ということになるのだなぁ。子孫を残すとしたら、子種はあの子のものだけ。いやまて、そこまで彼の成長を待つとするならば、受け入れ可能な母体が既に存在しなくなっているかも……〟などと、私は馬鹿なことを考えていたのでした。

女だらけの資生堂パーラーは、実にかしましい雰囲気でした。夢中になっておしゃべりをする老若〝女〟達の声は高い天井に反響し、うるさいことこの上ない。自分もそのうるささの一端を担っているとはいうものの、思わず立ち上がって、

「静かにしろーッ」

と叫びそうになるほど。

女しかいない店、というのは別に珍しいものではないのです。昔から、甘味店やケーキ屋さんの類にいるのは女ばかりだった。たまに甘いもの好きの男性が堪《こら》えきれずに入ってくる

と、女性客達がキッとガンを飛ばし、彼等は肩身の狭い思いをすることとなったものです。

もちろん男性しかいない店、というのもありました。風俗店や、サービスの女性がつくような飲食店にいる客は全て、男性。ガード下にあるような飲み屋さんも、男性客ばかりです。

が、最近はその手の〝男の城〟に、女性が進出するようになってきました。バーや飲み屋の類にも、女性客は珍しくない。さすがに男性向けの風俗店に女性が行くことは無いようですが（しかしなぜか私は、学生時代の先輩に連れられてランパブに行ったことがある……）、女性向き風俗とも言えるホストクラブは大人気らしい。

女性に侵食されつつある男の城に対し、女性の城はその範囲を広げ続けているように思うのです。かつては甘いもの屋さんなど、昼間にさほど高くない価格で飲食できる店が女の城でしたが、今はイタリアンやフレンチなど、夜にしっかりしたものを食べさせる店までが、女性の城と化しつつある。

とあるイタリアンレストランは、五千円を切る値段でたっぷりとディナーが食べられるということで、何ヵ月も先まで予約がいっぱいの店なのですが、ここにしても客はほぼ全員、女性。女子大の学食か、という雰囲気なのです。

男性の城にガンガン進出しようとする女性に対して、男性はあまり女性の城に入ってこようとはしません。イタリアンレストランは女湯ではないので、男性が入ることが禁じられているわけではない。だというのに彼等は、そのあまりの女子ばかりっぷりに怖気《おじけ》づいて、入ってこようとしないのです。

男性の中にも、イタリアンやフレンチが好きという人は多いだろうし、その中には男同士で食べに行きたい、と思う人もいるに違いない。しかしイタリアンやフレンチの店は、女性同士の客はさほど珍しくなくとも、男性同士の客というのは妙に目立ちます。〝あの男二人ってナニ？〟という視線で、周囲の客から見られてしまう。

女が女同士でイタリアンやフレンチをバクバク食べている間、果たして男性というのは何をしているのだろうか。……と、女子校状態になっている店を見ると、私はいつも思うのです。新橋の飲み屋で枝豆を食べているのか。それともコンビニの弁当を温めてもらっているのか。ああ、男の人が可哀相だよぉ……と、生ウニのパスタをフォークに巻き付けながら、私は思う。

そうこうするうちに、女性達はグルメ知識をたっぷりとため込んでいきます。

「冷たいカッペリーニが」

とか、

「そろそろジビエの」

などと生意気なことを女性同士で話している同じ時間に、男性達は枝豆かコンビニのお弁当。両者がどこかで出会って、洒落たイタリアンレストランでデートをしたとしても、当然女性としては相手に不足を感じてしまいます。

「やっぱりさぁ、食べ物の趣味が合う人じゃないと、ちょっとねぇ」

などと女性はグチを言うわけですが、でもね、あなたのような人と食べ物の趣味が合う人って、なかなかいないと思うのよ。……などと、自分のことを棚に上げて私は思う。

欧米の国々には、カップル文化というものがあるのだと言います。何をするにもカップル単位。ちょっとしたレストランも、カップルでないと入りづらい雰囲気があるのだそうで。

日本がそんな国でなくてよかった、同性文化って楽しいものなぁ、とは思うのです。が、深刻な少子化が進む今、それでいいのだろうか……と、自分のことも含めて、心配ばかりなのです。

「フラン」による革命

明治製菓の「フラン」というお菓子が、非常によく売れているのだそうです。これは、言ってみればポッキーを太くしたようなお菓子。で、グリコの方も「フラン」と非常によく似た「ムースポッキー」というものを出しており、これまたよく売れているらしい。コンビニのお菓子売場では、最もよく目につきやすい場所に、並べて売られているのです。

「フラン」や「ムースポッキー」を食べると、私はある種の感慨を抱きます。〝ううむ、日本は変わったなぁ……〟と、あの手のお菓子は私に思わせるのです。

「フラン」や「ムースポッキー」は、おそらく「ポッキーにもっとたくさんチョコレートがついていてほしいっ!」という民の声をもとにして作られたお菓子であると考えられます。両菓子とも、軸のビスケット部分もポッキーより太いのですが、それに付着しているチョコレートの量も、ポッキーとは比べものにならないほど多い。一本食べただけでも、かなりの満足感を得ることができます。

昔からあるポッキーは、細ーいビスケットに、薄ーくチョコレートのコーティングがしてあるお菓子です。軸はあくまで細く、チョコレートはあくまで薄いため、一本や二本食べただけでは〝ハテ私は今何を食べたのであろうか〟的な気分になってしまう。

　ポッキーはチョコレートのお菓子であることは確かなのですが、一本に付着するチョコレートの量はあまりにも少なく、一本や二本では血糖値は上昇しない。つい際限なく何本も食べてしまうのが常なのですが、一箱食べおわったとしても〝ハテ私は……？〟という煮えきらない気分が続くという、実に面妖《めんよう》なお菓子なのです。

　あとをひかせる、ということが目的なのであれば、ポッキーというお菓子はその目的を十二分に果たしていました。が、ポッキーを食べた後には常に、そこはかとない貧乏臭さが漂った。「チョコレートが食べたい」という欲求を、ポッキーは一箱食べても満たしてくれません。細い軸に薄くしか塗られていないチョコレートは、私達の〝チョコレート飢餓感〟を煽り、イラつかせるのです。

　イラつくのならポッキーなど食べなければいいではないか、チョコレートが食べたいなら素直に板チョコを食べれば済む話なのに、と思う方もいらっしゃることでしょう。しかし私達はポッキーを欲する時に、〝チョコレートが食べたい〟という欲求とともに〝細いものをちょっとずつポリポリしたい〟という欲求をも、持っていたのです。ポッキーを少しずつポリポリと噛み進むその単調かつ軽快なリズムは、口腔《こうこう》から頭蓋骨に響いて、身体的快楽をもたらしてくれるから。

「フラン」や「ムースポッキー」の発売、そして好調な売れ行きは、ポッキーというお菓子に対して、私のように愛とイラつきを同時に感じていた人がいかに多かったかを示しているのではないでしょうか。〝死ぬまでに一度でいいから、チョコレートのたっぷりついたポッキーを食べてみたい〟という声にならなかった願望が、今や現実のものとなっているのです。ポッキーのチョコレートの量を多くする。これは実に単純なことのようにも思えますが、日本という国においては非常に画期的な出来事であったのではないかと、私には思えます。

日本人は長いあいだ、食べ物に関する妙な貧乏性を引きずってきました。トンカツや天婦羅において、中身の豚や海老は薄かったり細かったりしても、衣をたっぷりつけて大きく見せたりとか。喫茶店で、カップの半分くらいまでしかコーヒーが注がれていなかったりとか。また市販のサンドイッチにおいてはツナやハムといった具が、パンの中央部分にしかはさっていなくて端っこはスカスカだったりとか。カレーに肉がほとんど入っていないとか。ピザのチーズが底が見えるほどにちょこっとしかのっていないとか……まぁ、この手のどうしようもない哀しいセコさは、数限りなくあった。

全体的に言えば、「炭水化物に関しては気前がいいが、それ以外のものは極端にケチる」という傾向があった我が日本。炭水化物以外の「具」の量が少しでも増えると、途端に価格がハネ上がってしまいます。

そんな状態に慣らされた私達は、海外に行って、巨大なステーキが驚くほど安くそして無造作に提供されているのを見ると、驚愕したもの。そして限りなく透明に近いほど薄く切られた日本の牛丼の牛肉が、ほとほと哀しくなったもの。

ポッキーにおけるチョコレートの量も、「炭水化物以外はとことんケチる」という傾向の一つの現われだと思うのです。限りなく薄いチョコレートの衣つきの細長い菓子をポリポリしながら〝あーもっとチョコレートが食べたい〟と切実な欲求を感じる度に、日本の戦後はまだ終っていないのではないか、と思った私。

対して「フラン」や「ムースポッキー」のチョコレートの量を見ていると、〝具をケチらねば〟という戦後世代の呪縛《じゅばく》から完全に解き放たれた新しい世代が作ったお菓子、という印象を受けるのです。

「そんなにたっぷりとチョコレートを付着させたら、消費者は数本食べるだけで満足してしまうかもしれない。あとひき戦略がとれなくなるじゃないか！」

などと心配する上司を横目に、

「だってー、チョコレートがいっぱいついてた方がおいしいじゃないスかぁ」

と若手社員があっけらかんと言い放った末にできた商品、という感じがする。

だから私は、「ムースポッキー」を食べつつ〝日本は変わった……〟と思うのです。昔の大人では決して発想できなかったであろうものが商品として売られているのを見ると、変化を感じざるを得ない。

ポッキーの他にもこの手の変化は、身近に色々と感じることができます。それらの変化は、二十一世紀になったせいで生まれたものではありません。おそらくこれは「平成っぽさ」というものではないかと、私は思う。平成になって十余年、やっと世の中は昭和の記憶から抜け出してきたのではないか。

百年か、二百年か後。平成というのがどのような時代であったかを一言で言う時、「日本がセコくなった時代」と言うことができる……のかどうか。今後が楽しみなところです。

デパ地下戦争

私はかねてより、デパートの化粧品売場という場所が、苦手なのです。各ブランドの売場に、一分の隙《すき》も無い化粧をしたお姉さん達が立っている。ちょっと何かの商品に興味を示そうものならすかさず寄ってきて、

「どういったものをお探しですか？」

「お肌が少し乾燥しているみたいですねぇ」

「こちらの美容液もいかがですか？」

と、攻勢をかけてくる。

私は、化粧の技術も知識も全く持っていない化粧素人です。美容部員のお姉さん達にしてみれば、赤子も同然の存在だと思う。それがわかるのでつい態度がオドオドしてしまい、まさに「取って喰われそう」な気分になるのです。

取って喰われないようにと、デパートの化粧品売場にはなるべく近寄らないようにしている私。ですが、化粧品売場と少し似た恐ろしい雰囲気を漂わせている売場が実はもう一つ、

デパートの中にはあるのです。そう、それは「デパ地下」、すなわち地下の食料品売場。デパ地下といえば、今や〝デパ地下戦争〟などという言葉もあるほどの、注目スポットなのだそうで。私も〝あー今日はごはん作るの面倒臭いっ〟と思って、デパ地下でお惣菜など買うことがしばしば。実際、一人分のおかずであれば、作るよりもデパ地下で買った方が安くつくのです。

だというのに、私はどうも、デパ地下という場所が恐ろしくてなりません。まずは、売場に立つおばちゃん達。特にお惣菜系のものを売る場所に立つ女性達の顔つきはいかにも百戦錬磨という感じで、無言で立っているだけでも、

「買うのか買わないのか、はっきりしろっ」

と言われているような気分になってくる。

ボーッと買い物に来てしまった私は、〝こっちにしようかなー、あっちにしようかなー〟などと呑気《のんき》なことを考えながら眺めようとするのですが、彼女達はそんな行為を許しません。

「さあ買え、今買え」とばかりに、

「はいいらっしゃい、どうですかっ、お安くなってますよっ」

と責め立てる。

気の弱い私はそう言われると大変に困ってしまうのです。おかず一つも決められない自分

に対する罪悪感が湧き上がり、結局いたたまれなくなってその場を立ち去ってしまったり。

売場のおばちゃん達の視界からすぐ抜け出せるようにと、デパ地下を歩く時はまるで回遊魚のように、売っているものを横目で見つつ、何回も売場をグルグルと回る私。そんな自分の動きが自分で不審に思えてきて、何も買えずに家に帰ったりも、する。

夕方のデパ地下の大混雑ぶりというのも、恐ろしいものです。人気のお店にはお客さんが山のように群がっていて、自分は一生、商品を購入することができないのではないかと、意識が遠のきそうになります。

〝私も順番を待っているのです〟と、一生懸命に店員さんに瞳《ひとみ》で訴えてはみるのですが、

「えーとねー、ローストビーフのサラダ二百グラムとねー……」

などと、腹の底から声を出して注文をするおばちゃん客には、ついつい負けてしまうのです。

その手のお店では、買い物にモタつくことも、許されません。

「えーっとこの筑前煮は百グラムっていうのもあるんですかぁ？」

とか、

「あっ、一円玉持ってます、ちょっと待って下さいね、今出しますから」

などと、注文や支払いに少しでも時間がかかると、他のお客さんの〝何モタモタしてんだ

よッ〟という殺気立った視線が自分の背中に突きささるのを、感じます。〝ああどうもすみません本当にゴメンナサイ……〟と、逃げるようにその場を立ち去る。

私はデパ地下に行くといつも、ある種の欲求不満を抱えて帰ることになるのです。そのデパートオリジナルの商品があるとか、有名レストラン初のデパ地下進出といった情報をテレビや雑誌で見れば、〝あら、おいしそう！〟とデパ地下に対する期待がムクムクと膨らむのですが、いざ現場に足を踏み入れてみると、その意気込みは一気にしぼんでしまう。おばちゃんには押し退《の》けられ、試食は断りきれず、商品を運ぶ台車にけつまずき、欲しいものは見つからず……と、何だかわけがわからなくなってグッタリ疲弊するのみ。

結局私は、デパ地下に行くといつも、当初の希望とは異なるものを買って帰る羽目になるのでした。和風の煮物が欲しかったのに、なぜかサラダを買っていたり。パンを買いに行ったのに、なぜか鯖《さば》の棒寿司を買っていたり。〝こんなはずじゃなかったのになぁ……〟と釈然としない気持ちを抱えたまま、帰りの電車に乗り込む。

世間で言うところの〝デパ地下戦争〟というのは普通、デパート同士、もしくは店同士がしのぎを削るという意味で使われる言葉です。が、私のような者からしてみると、実は客同士、そして客と店の間でも、熾烈《しれつ》なデパ地下戦争が行なわれている。強い精神力と体力、そして「狙《ねら》ったものは絶対に買う」という強い意志が無ければ、私達消費者はデパ地下戦争に勝つことはできないのです。

帰りの電車の中で、デパ地下の大きな買い物袋を抱えている人を見ると、私はいつも〝負けた……〟という気持ちになります。きっと彼女は、デパ地下でいかに戦うべきかという攻略法を知りぬいていて、おいしい戦利品を安くそしてたくさん、購入しているのです。そんな彼女の顔は、勝者の余裕からか、意気揚々としている。

対して私の手にあるのは、ほとんど朦朧《もうろう》としながらつい買ってしまった餃子《ギョーザ》が一パック、とか。負け犬感が、募ります。

友人は、「デパートで一番楽しいのは、一階の化粧品売場と、地下だ」と言います。が、私にとってはその両方が苦手。これはもう、女失格ということなのか。いつか私もデパ地下戦争に勝利して、晴れやかな顔で凱旋《がいせん》帰宅したいという希望は持っているのですが、まぁ当分は無理なのだろうなぁと思いつつ、今日もついついデパ地下に寄ってしまうのでした。

「おいしい」と言うプレッシャー

私は、「おいしい」という言葉をよく口にする方です。自分以外の人が作った食べ物を食べる時は、必ずその味に対する感想を述べなくては失礼のような気がする。とはいえ私はグルメ番組のレポーターではなく、味を誉めるボキャブラリーをさほど豊富に持っていないのでつい、

「おいしい！」

とひたすら叫ぶ、ということになるのです。

その食べ物がおいしくてもまずくても、常に無言でいる人もいるようです。しかしとてもおいしいものを食べた時に私は、誰かが何かを話している会話に割り込んでも、

「おいしいっ。本当においしいねーぇ」

と言わずにいられない。そして、周囲の同意を得ずにはいられない。

本当においしいものを食べた場合は、脚気《かっけ》の検査で膝を叩くと脚がポンと上がるような反応の素早さで、「おいしい！」と言うことができるのです。が、浮き世には様々な事情があ

る。全ての「おいしい」が心からの「おいしい」ではないことも、また事実です。

たとえば、自分にはよくわからない高尚な味、というものを口にした時の「おいしい」。これにはしばしば空虚な響きが伴います。

私の場合は、玄米ごはんやコンソメスープを味わう時に、その手の空虚な「おいしい」が出がちです。玄米ごはんというのは、別にまずくはないのです。身体にも良いそうだし、誠に結構なごはんだと思います。が、私にとって諸手《もろて》を挙げて「おいしい!」と叫ぶような味かというと、それも違う。

だというのに私は、玄米ごはんを食べると何となく、「おいしい」と言ってしまうのです。それというのも、玄米ごはんのような素朴で栄養豊富で化学っぽくない食物は、今の世の中において「おいしくない」と言ってはいけないような、ある種の聖域的な食べ物という気がしてしまうから。

玄米ごはんを食べながら、

「白いごはんよりずっとおいしいね」

などと言っている人を見ると、物事のよくわかった偉い人、という感じがする私。自分も同じように「おいしい」と言わないと、頭カラッポっぽく思われてしまうのではないかという危惧《きぐ》があるためについ、「ホント、おいしーい」などとその人の意見に追随してしまうのでした。

コンソメスープというのも、私にとってはわかりづらい味です。「料理人の腕はコンソメスープにこそ出る」などという話は聞くものの、「そんなにうまいか？」と正直、思う。

確かに作るのは大変そうなのです。何種類もの野菜や動物の骨を長時間煮込み、アクをすくい、苦心して透明に仕上げた、などと聞くとつい「おいしいっ」と言ってしまう。……のですが、その「おいしいっ」はスープを作る手間暇に対する称賛の意であって、米粒に描かれた仏像を見て「すごいっ」と言うのとトーンは同じ。「結果ではなく経過を見てほしい」と、金メダルをとりそこねたアスリートに言われているようでもある。

この手の「おいしい」は、自らの味覚の貧しさを隠すための「おいしい」でもあるのです。本当の美味というものを知らない、と思われたくないがためについ口にしてしまう、「おいしい」。他人が聞けば、感情がこもっていないのと目が虚ろなのとで、すぐに「嘘だな」とわかると思うのですが。

対して、必要以上に感情を込めてしまう「おいしい」もあるのです。それはたとえば、友達の家で手作りの食事をごちそうになる時。素人の料理というのは、とてもおいしい時もあまりおいしくない時もあるものですが、ホスト側の料理が上手であろうと下手であろうと、客は全身全霊を傾けて「おいしいっ！」と言わなくてはならない。

客にとってどちらの心理的負担がより重いかといえば、それは料理が上手なホストに招かれた時、です。料理が下手なホストというのは、客から料理を誉められたいという気持ちを最初から持っていません。こちらとしては、〝ああ、この人は料理がさほど得意ではないのにこんなに一生懸命に作ってくれたのだな。有り難いなぁ〟という感謝の気持ちから、自然に「おいしいじゃーん」などと言っている。

しかし料理上手のホストというのは、自分の料理に自信があります。誉められて当然、感激のあまり失神してもらっても別に驚きませんよ私は、くらいの気持ちでいるのです。料理を見れば贅沢な材料を使っているし、作り方も凝っているし、テーブルセッティングも完璧だったりする。

料理自慢の素人に対しては、どんなにおおげさに誉めても誉めすぎということはありません。おしゃべりに夢中になっていたりすると、

「これは、どう？　嫌いだった？」

などと、誉め忘れた一品に対して感想を求めてきたりするので、

「えっ、もちろんおいしい！　すごぉぉぉく、おいしいっ」

と、大慌てで言ったりするのです。料理自慢の人の手料理を食べる時は、ちょっと白々しいかしらと思うくらいに誉めて、ちょうど良い。

かくして私は、いつでもどこでも、「おいしい」を連発しているのでした。唯一の例外は、自分の家で一人で食事をする時。自分で作った食事であっても、デパ地下で買ってきた食事であっても、一人の時はいちいち「おいしい」と言わなくて済みます。と言うより、おいしいかどうかということすら、考えずに済む。「『おいしい』と言わなくては」というプレッシャーから解放される時間なのです。

料理を作って、誰かから「おいしい」と言ってもらうのは、確かにとても嬉しいことです。自分の料理に対して、嘘でもいいから「おいしい」と言ってもらうと、天にも昇らんばかりの気持ちになる。日々の食事を作る主婦も、家族から「おいしい」と言ってもらうことがとても大きな励みになるのだそうですし。

しかし実は、「おいしい」と言う方には言う方なりの、プレッシャーもあるのです。誰かを家に招いた時は、せめて「おいしい」という言葉に対して物欲しそうな顔だけはすまいと、心に誓ってみるのでした。

マロニーちゃん

冬に大阪に行くと、フグを食べに連れていってもらうことが多いものです。先日大阪に行った時も、地元の友人と一緒に、フグ屋さんへと行きました。

鍋の具は、言わずとしれたフグ、白菜や春菊などの野菜、豆腐、そしてマロニーちゃん。マロニーちゃんとは、ご存じの方も多いかと思いますが、くずきりのようなもの。中村玉緒さんが出ていたコマーシャルでお馴染みの商品です。

関東人と関西人が一緒にいたので、場は、マロニーちゃん談義となりました。

「東京ではあんまり鍋にマロニーちゃんって入れないよね、関西では基本だけど」

「しらたきを入れることの方が多いものね。東京では、コマーシャルやってたから『マロニーちゃん』っていう名称は知ってても、果たしてそれが何なのかを知らない人も多い。でも私は、マロニーちゃんって大好き」

「マロニーちゃん、おいしいよね。でもいったん鍋に入れちゃうと、どこにいったかわからなくなって底の方でベロベロになってたりするんだよね」

……などと。

マロニーちゃん談義をしながら、私はふと思いました。〝いい歳をした大人がなぜ「マロニーちゃん」「マロニーちゃん」と、いちいちマロニーをちゃんづけで呼んでいるのだろう……〟と。そしてちょっと、赤面などしてみた。

大阪人に聞いてみれば、「マロニーちゃん」はあくまで「マロニーちゃん」らしいのです。中村玉緒がコマーシャルで言っていたから「マロニーちゃん」と呼ぶのではなく、そのものに対する愛情の印としてのちゃんづけ、といった意味がそこにはあるという。

「じゃあマロニーちゃんのことを『マロニー』って言おうものなら……?」

「うーん、ちょっと乱暴な感じがするわなぁ」

と、大阪人。さらには、

「こっちでは、食べ物に『ちゃん』とか『さん』とかつけること、ようあるでぇ。『飴ちゃん』とか『おいもさん』とか。あ、そういえば『うんこさん』とも言うなぁ。食べ物じゃないけど」

だそうではありませんか。

そういえば、と私は思いました。関西の男性と一緒にいる時に、

「喉がちょっと痛い」

などと言ったところ、

「飴ちゃん持ってるよ」

などと言って、私に飴をくれたのです。「飴ちゃん」などという言葉を初めて聞いた私は、〝この人はいい歳をして何を可愛こぶっているのだろう〟と、ちょっとギョッとした記憶があるのですが、あれは別に愛敬をふりまいていたわけでなく、ごく普通な言葉使いだったらしいのです。

「じゃあ、女の子が『飴ちゃん』って言わないで『飴』って言ったら、かなり雑駁《ざっぱく》な印象を与える？」

と、フグ鍋をつつきながら大阪人に問えば、

「別にそんなことはないけど、『飴ちゃん』って言った方がより〝愛《う》い奴《やつ》〟、っていう感じはするなぁ」

とのこと。

東京人の私としては、事物はなるべくシンプルに表現した方がスマート、という気分があるわけです。ですから何かを丁寧に言う時の「お」も、絶対に必要な時以外はなるべくつけずに生きてきた。つまり紅茶のことを「お紅茶」などと言うのはこっ恥《ぱ》ずかしい。食べ物とはあくまで「物」でしかない、という基本的意識があるのです。

しかしどうやら関西において、食べ物とは「物」というよりも、もっと生きものに近い存在らしい。食べ物のみならず、おかまを「おくどさん」と言ったり排泄物《はいせつぶつ》を「うんこさん」と言ったりと、食べ物の周辺物に対しても、擬人化して呼称することによって、愛と親しみとを示しているのではないか。

さらには私は、思い出してしまいました。かつて大阪において関西の男性と昼食を食べようとした時、何が食べたいかと聞かれたので勢いよく、

「うどん！」

と答えたのです。すると彼は、

「おうどんねぇ。それなら、あそこの店に行こう」

と答えた。

私は、〝男性なのにうどんのことを『おうどん』だなんて、ずいぶんと丁寧な人だなぁ〟と思ったのです。しかしその時に彼は、〝女のくせにおうどんのことを『うどん』だなんて、下品な人だなぁ〟と思っていたに違いない。

不安が募り、江戸っ子でもないのに江戸っ子言葉になって私はフグを食べつつ大阪人に問いました。

「するってェとナンですか？　うどんのことはやっぱり『おうどん』ですかい？」

「そうやねぇ、あまり『うどん』とは言わへんねぇ」

……やっぱり。私は今まで、関西においてやたらと乱暴な言葉でばかりしゃべっていた。よく関西の人が、

「東京の人の言葉はキツい」

と言うことがありますが、その印象は私のような者がもたらしていたのでしょう。

以降、私は関西人の前で話す時は、うどんのことも『おうどん』と言うように努めてみました。……が、やっぱりどうにも恥ずかしい。普段は絶対にはかない、ヒラヒラのフリルがついたパンツをはいているような気分になってしまうのです。

ああ、やはり私は東国の人間なのでした。うどんはうどん、芋は芋。食べ物を「物」として突き放していた方が、安心できるのです。

……と、そんなある日。東京の友人達と蕎麦屋さんにおいて麺類談義になったところ、東京の人々もうどんのことを「おうどん」と言うことが多いということに、私は気づいたのです。〝するってェとナンですか？　東京人の中でも特に私は乱暴な言葉使いをする人間だった、ってことですかい……？〟と、再び江戸っ子言葉で思ってみる私。

こうなったら、もう意地でも「おうどん」などと言えません。再び大阪に行ったとしても、私は絶対に、

「うどんが食べたい！　うどん！」

と野卑《やひ》な言葉使いをしまくって、西の人々の眉をひそめさせてやるっ！……と、東京の空の下でどうでもいい誓いを立ててみるのでした。

注文のマナー

レストランや食堂において、最も困難を感じる行為。それは、「注文」ということではないかと思っています。

注文のマナーというのは、店によって実に様々。たとえばサラリーマンがお昼を食べに来るような定食屋さんや蕎麦屋さんなどでは、席に座ってメニューが無いからといって、

「すいませーん、メニューを見せて下さいますかぁー？」

などと悠長に言っていたのでは、店の人に迷惑そうな顔をされてしまう。その手の店では、店に入る前に注文を決めておくのが鉄則。席に座るか座らないかのうちに、

「サバミソ定食」

と、必要最低限の言葉で注文をしなくてはならないのです。

反対に高級なフレンチやイタリアンといったレストランでは、あまりにも素早く注文をしてしまうのは何となく格好悪いものです。メニューには、「シェフおすすめのコース」などという項目もあって、それを注文すれば面倒臭いことを考えずに済むのです。が、メニュー

を熟読して店の人にあれこれ質問をしつつ自分なりのアラカルトのコースを注文していく方が大人っぽい注文の仕方、というイメージもある。

外国旅行をする時も、最も戸惑うのはレストランにおける注文時です。店の入り口であらかじめ注文するシステムのところもあれば、注文してすぐにお金を支払うシステムのところもあれば、印刷物になっているメニューの食べたいものにマルをつけてお店の人に渡すシステムもあれば……と、注文の仕方は実に様々。店に入ってもいつまでも席に案内されなかったり、席についてもいつまでもメニューが出てこなかったり、また注文したつもりなのにいつまでも料理が運ばれてこなかったりした時に、〝私のやり方は間違っていたのではなかろうか……〟と、オドオドと店内を見回す心細さよ。

注文という行為には、その人の性格が如実に顕《あらわ》れます。食事にまつわる性格判定法としては、

「あなたは、好きな食べ物を最初に食べる方？　それとも最後に残しておく方？」

というものが有名ですが、注文の仕方にも、それに劣らず個性が出る。してその判断基準としては、

「注文を決めるのが早いか・遅いか」というものと、「自分が決めた注文に迷いがあるか・ないか」という二軸。

ちなみに私の場合は、注文を決めるのは実に素早いのです。よく行く店であれば、店に入る前から食べたいものはだいたい決まっている。他の人はまだ決めていないので一応メニューを見るフリはするのだけれど、内心は、

「オムライス！」

と、一刻も早く叫びたい気持ちでいっぱいだったりするのです。

よく知らない店においても、一分と経たないうちにだいたいの注文は決めてしまいます。メニューを一瞥《いちべつ》し、好きな食材が使ってあるもの、自分にとって魅力的な料理法がなされているものを見ると、

「決めた！」

と叫んでしまう。で、

「早いねぇ」

と一緒にいる人に、少し鼻白まれる。

ところが私は、決めるのは早いがその決心は意外と揺らぎやすい、というタイプ。

「私はもう注文決めちゃったもんねー。みんなはまだ決まらないの？」

などと、既に責任は果たしたような気分になっている時に、

「じゃあ私はハヤシライスにしようかなぁ」

とか、

「カニクリームコロッケもおいしそう」

といった他人の声を聞くと、グッと惹かれてしまう。そして〝本当にオムライスでよかったのだろうか〞と、不安になる。

ちょうどその時、

「すいませーん」

とお店の人が呼ばれます。自分達のテーブルにお店の人が歩いてくるまでの数秒、私はものすごい勢いで悩み、初志貫徹でオムライスにするか、それとも他人の芝に惹かれてハヤシライスにするかは、ほとんどタイミングの問題……。

そんな時に私は、自分の性格を改めて認識するのです。直感派のように見えるが、実は単に考えが浅いだけなのですぐに流されがちな人間、と。

他人を見ていても、その注文の仕方は実に興味深いものです。素早く注文を決め、その後も迷ったり悩んだりしない人というのは、本物の直感派、かつ自信家。テーブルの上に料理が並んでも、

「あっ、それおいしそう。一口ちょうだい」

と他人の料理に目移りすることもなく、黙々と自分の料理を食べ続ける。

注文を決めるのは遅いが、決めたとなったら迷わないという人は、とても慎重に正しい判断をすることができる人。きっとその人は人生の岐路《きろ》に立った時も、じっくり考えて正しい判断をするのだと思います。

注文を決めるのが遅く、なおかつ決めた後でも、

「あーやっぱりハンバーグもよかったなー」

などと迷う人も、います。一見優柔不断にも見えるこのタイプですが、しかし実はその人達というのは、迷うことに楽しみを見いだしているのだと思う。人生においても、いつも「どうしようどうしよう」などと言って頼りなく見えるのですが、本当は「どうしよう」と言うことによってストレス発散をしている、というタイプなのではないか。

……そう考えてみると、やはり一番どうしようもないのは、私のような「決めるのは早いが後から迷う」という気質。ふと我が人生をふりかえってみれば、嗚呼《ああ》あの時も、この時も。悩むのが面倒臭いあまりにさっさと色々なことを決めて後悔したことがあったっけなぁ。これからもきっと、そんなことが続くのだろうなぁ。……と、レストランのメニューを眺めつつ、注文が得意ではない自分の行く末に思いを馳せてみるのでした。

京野菜というブランド

　ふと、

「京野菜って、妙に偉そうなんじゃないか……」

と思ってしまったのです。

　東京に住んでいる私は、普段はさほど京野菜を食べる機会はありません。せいぜい冬場、壬生菜《みぶな》などを鍋物に使ったりする程度。高級スーパーマーケットの野菜売場の棚に、とんでもない値段がついた京野菜のパックを発見することはあれど、自分で料理をしようとは思わない。

　だからこそ、たまに和食屋さんで〝京野菜の炊き合わせ〟などを出されると、ものすごい僥倖感《ぎょうこうかん》を覚えるのです。それはキャビアやフォアグラよりもよっぽど、有り難い存在感。まずいと言うことなど、決して許されないような気がする。

　最近は、和食屋さん以外でも京野菜を扱う店が出始めました。私がよく行くイタリアンレストランにおいても、料理の素材としてしばしば京野菜を使用し、それがまたとてもおいしい。

「アカザエビのグリルに京野菜のサラダを添えました……」

なんて言われると、それだけでもう胸は高鳴り、食べる前から、

「おいしい！」

と叫びそうになるのです。

が、しかし。そこで負けず嫌いな東京っ子である私は、ハタと悔しくなった。〝なんで京野菜ってだけで、これほどまでに有り難がらなくちゃいけないのだ……〟と。

もちろんその店で供される京野菜の料理は、本当においしいのですが、もしも何も言われずに料理の皿を目の前に出されたら、私はそれほど喜ばないのかもしれない、とも思う。聖護院《しょうごいん》大根だの金時人参だの加茂なすだのといった名前を言われるからこそ、私は特別な有り難みを感じ、拝まんばかりに押《お》し戴《いただ》くことになるのではないか。

それはまさに、ブランドなのです。今や世の中は、第何次だかのブランドブームなのだそうで、エルメスもルイ・ヴィトンも絶好調との話。そしてブランドに狂う人を見ると、そうでない人は、

「ただマークがついているだけのものに高いお金を払って、馬鹿みたいだわ」

と言い、それに対してブランド好きの人は、

「ただマークがついているから買うわけではない。ブランドものは確実に品質が良く、だからこそ結果的には得なのだ。私達はむしろ賢い買い物をしているのだ」

と言う。

私も、服飾品においてはブランドにさほど関心がある方ではないので、ブランド好きの人を見ると〝なんだかねぇ〟と思うのです。が、ふと食べ物に関しての自分の姿勢を見てみれば、私は京野菜というブランドに滅法弱いではありませんか。

もちろん実際においしいからこそ京野菜を崇《あが》める気持ちにもなるわけですが、では目隠しをして京野菜と普通野菜を食べるというブラインド・テストをした時、どちらがどちらと見分ける自信があるかといえば……、やはり無い。結局は京野菜というブランド・ネームを聞いてから、

「食べたーい」

「おいしーい」

と言う自分がそこにいるわけで、〝これって、エルメスやヴィトンを有り難がる人の行動と、同じじゃん――〟と、少々赤面するのですが。

京野菜というブランドにグッときてしまうのは、私だけのことではないと思います。聖護院大根や金時人参といった有名どころにはビクともしない人でも、

「堀川牛蒡を炊いたのです……」

とか、

「これは京都の田中唐辛子といって、ししとうの原種なんです。ししとうとは違って、からいのが絶対に無い」

などと言われると、つい〝これはとっても素晴らしい野菜に違いない！〟と、ハートをガッチリ摑まれてしまう。それはちょうど、エルメスやヴィトンには見向きもしない人でも、「これはまだ現地の人しか知らないブランドで、たぶん日本人で持ってる人はほとんどいないんじゃないかなぁ」

などと言われるとついグッときて買ってしまう、ようなもの。

ではなぜ、京野菜というものは野菜業界の中でブランドたり得るのか。……と考えてみれば、やはり「京」という言葉が、食べ物世界のみならず、日本においては超強力な一大ブランドだから、なのでしょう。友禅でも美人でも漬物でも、「京」とつくと私達田舎者は「おっ」と思う。二時間サスペンスドラマであっても、舞台が京都だと面白そうな気がしてしまう。

……のであれば、ましてや、野菜をや。いにしえの都で脈々と作られ、やんごとない方々の口を楽しませてきたであろう京野菜。きっとそんじょそこらの農薬かけまくりのハウス栽培の野菜とは格段の差があるに違いない……！　と、思ってしまうわけです。

京野菜と言われて供される野菜の中にも、農薬かけまくりでハウス栽培のものも、あるのかもしれません。しかしそこはそれ、京ブランドの強み。エルメスのＨマーク、ヴィトンのＬＶマークのように「京」の一文字は光り輝き、私達の思考を停止させます。〝京、なのだから間違いはあるまい〟と信じさせてしまうのです。

その心理の裏には、京都以外に住む日本人が、日本が世界に誇る京都という古都に対して多かれ少なかれ抱いているコンプレックスが存在しているのかもしれません。はんなりとした笑顔の裏に、深い深ーい思惑を隠しているという京都人は、本当は東京のことなど馬鹿にしきっているのだと言う。東京人である私は、そんな京都人がどうも理解できないが故に、つい必要以上に愛想良く接してしまうのです。

同じように京野菜のことも、私は本当には理解していません。そして、理解していないからこそ、つい追いかけてみたくなるわけであって、京ブランドって実に〝たらし〟だなあと思いつつ、今日も九条葱を買ってしまうのです。

「パーティー荒らし」に思う

貨幣経済が確立しているこの世の中において、私達は通常、お金を支払うことによって、全てのものを手に入れることになっています。食べ物についても例外ではなく、自分で農業をしているということでない限りは、お金を払うことによって手に入れた食材で料理を作ったり、レストランでお金を払って食事をしたりすることとなる。

何かを食べるには、お金が必要。

……という原則は、私達にとってあまりにも当たり前のもの。お金の存在抜きにしてごはんを食べていくことなど、考えられないのです。

ところが先日、そんな常識を打ち破るような光景を、私は目にしました。

それは、知り合いのイラストレーターの個展会場で、オープニングパーティーが開かれていた時のこと。パーティーには、色々な飲み物や食べ物が供されています。会場には人がいっぱいで、実に盛況という感じ。

私は、食べ物が置いてあるテーブルの近くで、知り合いと談笑していたのです。すると、あることに気付きました。三人のおじさん達が、妙に頻繁に食べ物のテーブルに来ては、ものすごい勢いで飲食しているのです。飲食物はつまむ程度、という人が多い会場の中で、そのおじさん達の行為はやけに目立っていた。

イラストの個展なので、会場にいる人はクリエーター風の人が多いのです。が、盛んに飲食しているおじさん三人は、下手をしたらループタイなどしかねない、いかにも定年退職後の元サラリーマンという感じ。年齢的にも客層よりはかなり上なのです。

それでも私は、〝ま、誰かの知り合いなんでしょう〟と思っていたのですが、次の瞬間、隣にいた友人がボソッとつぶやくではありませんか。

「あの人達、自分のカバンの中にビールとか詰め込んでる……」

と。そう、そのおじさん達は、氷の中で冷やされていた缶ビールなどの飲み物を、さり気なく、しかしせっせとカバンに入れているではありませんか！

しばらくすると、いつの間にかおじさん三人組はパーティー会場から姿を消しました。私達の間では当然のように、

「あの人達、何者だったの？」

「誰の知り合い？」

ということになった。すると、パーティーの主役であるイラストレーターさんも、

「知らない人達だった……。でも誰かの知り合いかと思ってた……」

と言うではありませんか。

そう、おじさん三人組は、全く誰も知らない、誰も呼んでいない人達だったのです。

「そういえば最近、色々なパーティーに紛れ込んではタダで飲み食いして帰っていくという人がいるらしい」

と別な人が言い、「するってぇと彼等はプロのパーティー荒らし？」という結論になったのですが。

私はそこで〝なんて図々しい人達なのだろう……〟と思いました。さらには〝いい歳をした大人がそんなセコいことをするなんて、きっと妻子ある人達だろうに、家族が知ったらさぞや情けないに違いない！〟とも思った。

が、私は同時に、ちょっとした爽快感も覚えたのです。彼等は実に堂々とパーティーに参加し、盛んに飲み食いしながらも、主役のイラストレーターさんに対して、

「いやぁ、実にいい絵ですねぇ」

などと、感想まで述べていた。つまり悪びれた様子が一切なかったのです。「ここに食べ物があるから、ただ食べているだけです」というような、ごく自然な態度だった。

食べ物とはお金を支払うことによってのみ手に入れられるもの、という頭しかない私にと

って、その姿は新鮮ですらありました。別に彼等を格好いいとは思いませんが、自分が確実に失ってしまっている野性味のようなものを、彼等は持っていたような気はした。

我が身を振り返ってみれば、とにかくタダの食べ物というものに対しては、徹底的に警戒するのです。スーパーやデパートの食料品売場においても、百戦錬磨という感じの試食販売のおばちゃんに、

「おいしいから食べてってー」

などと試食の品を目の前に差し出されると、身を硬くする。さり気なく食べてさり気なく買わずに立ち去る、という芸当は三十余年生きてきたけれどまだ身につけられず、下手《へた》に食べてしまうと買わずに済ませられそうにないのです。だからこそ、

「食べてってー」

というおばちゃんを発見したら、声をかけられないようになるべく遠回りにして歩くか、目を合わさないようにあさっての方を向いて歩く。

よく見てみれば、試食販売の売場にも、〝オープニングパーティー荒らしのおやじ三人組〟のような存在を確認することができます。その人達は、全く買う気は無さそうなのに、試食品を何個も食べて、ぷいと立ち去る。その姿にもやはり、悪びれた様子は全くナシ。

友人の家で食事をごちそうになるにしても、「手ぶらってわけにはいかないわよねぇ」と、

どんな手土産が相手の負担に見合うのかなどと悩みまくる自分としては、最近はその手の人の堂々とした態度が、清々《すがすが》しくすら感じられるようになってきました。彼等は、言うならば〝都市における採集生活者〟。余っている食べ物を頂戴《ちょうだい》したところで何が悪い、という感覚なのではないか。

決して、彼等の生き方を尊敬しているわけではないのですが、しかし自分とは何の関係も無いパーティーで食べるだけ食べ、ビールを持ち帰り、ついでに絵の鑑賞もしておしゃべりも楽しんで飄々《ひょうひょう》と帰っていったおじさん達の姿を思い起こすと、〝ま、ああいうのもアリなのかな……〟と思ってしまう。不景気とはいえ食べるものはあり余っている今の世の中において、彼等は出るべくして出てきた人達なのかもしれません。

きっと彼等は、今日もどこかのパーティー会場でせっせと飲み食いをしているに違いありません。そんな彼等に対し、ごくごく小さな声で「がんばってね～」と、エールを送る私なのです。

薬を服む

とある事情があって、私は今、毎食後に薬を服《の》んでいるのです。通常は二種類、多い時には四種類の錠剤やらカプセルやらを、服んでいる。

外食をする時も、薬は欠かせません。専用の薬入れを作り、レストランでもこっそりと取り出す。年配のお客さんが比較的多いと思われるようなお店においては、

「お水をください」

などと言わずとも、私が薬をとり出した途端、従業員の方が何も言わずに氷ナシの水を入れたコップをすっとテーブルの上に置いて下さることもある。〝真のサービスとはこういうものなのだ……〟と、感慨にふけったりしているのです。

持病があるという事態は、決して喜ばしいことではありません。しかしまだ薬を常に服むようになって日の浅い私は、この〝毎食後、薬を服まなくてはならない私〟という存在を、ちょっと気に入ってもいます。

基本的には全く病弱ではない私は、友人が食後におもむろに薬をとり出し、慣れた手つき

で服み下す様を、いつも〝ちょっと格好いい……〟という思いをもって見ていました。子供の頃、眼鏡をかけている友達が何となく大人っぽくて頭がいいように見えて羨《うらや》ましかったものですが、それと同じように「食後に慣れた手つきで薬を服む人」というのは、蒲柳《ほりゅう》の質という感じで、特別なムードが漂うのです。薬を服む人というのは、なぜか知的に見えるものですし。

薬を服み慣れている人というのは、その服み方自体、常人とは異なります。何種類もの薬をいっぺんに口に放りこみ、ごく少量の水で一瞬のうちに飲み下す。中には水ナシで服んでしまう人すらいて、その嚥下《えんか》上手っぷりには驚かされるのです。

対して私はまだまだ、薬慣れしていません。もともと、嚥下という作業は大の苦手。バリウムを飲まなくてはならない時も、涙目になりながら一生懸命にトライしても、おちょこ一杯分くらいしか飲めなかった。もちろん粉薬にしても錠剤にしても、子供の頃から服むのに苦労していましたっけ。

それでも、薬を常用するようになって少しは進歩したのです。最初の頃は、錠剤やカプセルを一錠ずつしか服むことができなかったのですが、最近は二錠まとめて口の中に入れることができるようになった。まだ三錠以上をまとめて口に入れることはできないのですが、それもまぁ時間の問題というやつでしょう。だんだん、私にも〝薬を服み慣れている人〟の雰囲気が漂い始めているのではないかと思うのですが。

とはいえ、私の顔色はあくまで良く、食欲は常人以上。パッと見は頑健と言ってもいいほどの私が薬を服んでいるシーンを見ると、友人知人の反応は二種類に分かれます。遠慮の無い間柄の相手、もしくはさほど親しくはないけれど遠慮の無いタイプの人の場合は、

「あれっ、何の薬？」

と聞いてくる。そして私は自分の持病の説明を延々とすることになる。

対して、遠慮深い性質の人の場合は、目の前に座っている私が何種類もの薬を服んでいても、見て見ぬフリをします。「人間たるもの、食後に薬服むのなんて当たり前」みたいな表情で、普通に会話を続けて下さるのです。

この手の人に出会うと、私は〝ああ、なんて思慮深い方なのだろう〟と思います。病気というものは、他人に堂々と言うことができるようなものばかりとは限らない。私もつい他人が薬を服んでいるのを見て、

「えー、何の薬？　どうしたの？」

などとずけずけと聞いてしまうことがしばしば。そんな時、

「うん、ちょっとね」

などと伏し目がちに言われると、〝また聞かなくてもいいことを聞いてしまった……〟と、

後悔するわけですが。

　しかし私は、〝他人が薬を服んでいても何も聞かない人〟に出会うと、実は少し、物足りない気分にもなるのです。私の持病は、命には全く関わることのない、ライトな病気。だからこそ自分では、〝毎食後に薬を服まなくてはならない蒲柳な私〟という像に、自分で酔っているフシがある。薬を服むという行為を自己演出の一部としているので、せっかく手に入れた蒲柳っぷりに気付いてもらえないと、少し残念なのです。

　私は、病弱さに憧れています。

「『どうしたの』と聞かれたいっ」

「可哀相がってもらいたいっ」

　という欲求が、人前で薬を服むという行為の裏には、隠されているのです。

　薬を服むのが自慢でしょうがない、というわけではもちろんありません。実は私の持病とは、座骨神経痛というやつ。一応は嫁入り前の女子である私にとっては、決して格好いい病気ではない。

「……なんか、おばあさんみたいだねぇ」

　などと言われてしまいがちな病名なのです。

　であるからして、デートの時などは、相手の前で薬を服むことに一応は躊躇するのです。

たとえばお洒落なイタリアンでいいムードで食事をした後、いきなりカバンから薬をとり出して服用する私を見れば彼は当然、

「どうしたの？」

と尋ねる。そうなればまさか嘘をつくわけにもいかず、

「えーと座骨神経痛でねぇ……」

と、全く色っぽくない返事をしなくてはならないのです。

私はそんな時、

「ちょっと失礼」

などと言って、洗面所に立つことにしています。洗面所では、薬をとり出して口に含み、でも洗面所の水で服むのも気が進まないのでそのままの状態で席に戻る。そしてテーブルに置いてある水を口に含んで薬を飲み下し、まるで何事も無かったかのように、相手に嫣然《えんぜん》と微笑んでみたりする。……そんな苦労を重ねつつ、私は日々、薬を服んでいるわけです。

もう少し歳をとれば、誰しもが食後に薬を服むようになるのでしょう。しかしそうなったら、たかが食後の薬で蒲柳っぷりなど演出はできまい。食後に薬を服む苦労も、今だからこそ。せいぜい自分に酔いながら、薬を服みたいものだと思っております。

追記　その後、私の持病は全快。頓服プレイができなくなった私は、ビタミン剤などを服用し、蒲柳気分を味わっております。

本当の焼肉の焼き方

先日、焼き鳥屋さんと一緒に焼肉を食べに行きました。それというのも、

「僕、焼肉の焼き方ってすごく上手いっすよ」

という彼の発言を聞いたから。考えてみれば彼は炭火で鶏肉を焼くことを職業としていて、その焼き鳥はものすごーく、おいしい。彼が牛肉を炭火で焼いて、おいしくないわけがないのです。

「行こう行こう！　焼肉に行こう！」

と、狂牛病などものともせず、私達は彼と一緒に炭火焼肉を食べに行く計画を立てたのでした。

焼き鳥屋さんが定休日の夜、私達はとある焼肉屋さんに集合しました。この日のために予約をとった、とびきりおいしい炭火焼肉のお店です。〝なんたって焼き鳥屋さんの彼が焼いてくれるのだから……〟と、昼食は控えめにし、ウエストがゆるめのジーンズをはいていった私。

テーブルの中央には、赤く焼けた炭。彼はビールで乾杯をする前から、割り箸を使って炭を転がし、火の状態を見ています。

「あんまり均等じゃないな……」

などとつぶやくその目は既に、プロのもの。

最初はもちろん、タン塩です。普段焼肉を食べる時は、人数分の肉を網の上にまず置き、適当にひっくり返して適当に食べる、という流れですが、今回は全てを彼に任せました。すると彼はまず、一枚のタン塩を網の上に載せる。そして、

「うーん、これだと肉が大きすぎて一枚しか焼けないな……、あ、肉の厚さも場所によって微妙に違う」

などとつぶやきつつ、実に慎重に、一枚のタン塩を焼く。肉が薄くなっている部分を箸でつまんで持ち上げたりして、火の通りを均等にしている様子もうかがえる。そしてまさにその瞬間しかない、というタイミングで肉を引き上げ、

「ハイどうぞっ」

と私の皿に置いてくれるのです。

そうして食べたタン塩は……、実に実に、おいしかったのでした。

「肉って、焼き方次第でこんなに味が違うのねっ」

くれました。

と、思わず感激。彼はその労を厭《いと》わず、彼以外の三人分の肉を、最高の焼き加減で焼いてくれました。

さらに感動したのは、ミノです。普段私は、ミノの焼き方というものがよくわからず、いつも苦労していました。タンやカルビのように、焼けてもそれとわかるようには色が変わらないので、焼けたのかどうか、判別がつきにくい。内臓だけに、あまりにもレアすぎるのはいかがなものかという気もして、ついつい網の上に長い時間放置、結局は焼きすぎて硬くなってしまう……ということを、繰り返していたのです。

しかしプロは、違いました。

「はいっ、焼けたよー」

と皿の上に置いてくれるミノを口に入れると、おおなんてジューシー！　絶妙、としか言いようの無い火の通し方です。それは、〝ああ、こんどからミノ食べる時はいつも一緒にいて下さい……〟と、思わず頼みたくなってしまうほど。二巡目、

「ちょっとさっきとは火の通し方を変えてみたからねー」

と皿にのせてくれたミノは、一巡目のミノよりもごくごく微妙にレアで、

「うわああっ、これもウマーイ！」

と、私は叫んだ。焼肉屋さんにおいていつも肉の横に添えられているネギですら、焼き鳥

屋さんの手にかかると、「ネギだけもっと下さいっ」と言いたくなるほど、おいしく焼けてしまうのです。

そうこうしているうちにその場は、焼肉と言うより、ほとんどお茶会の場のような様相を呈してきたのでした。茶道において、主人が一人一人の客にお茶を供し、客がその茶を、お手前を、そして道具を誉めるかのように、私達は焼肉を食べた。焼き鳥屋さんが肉を一枚一枚正しい焼き方で焼き、それを私達に配する。私達はそれを食べ、

「結構な焼き方でございます」

と感動する。

通常の焼肉行為において、私達はもっと雑駁《ざっぱく》です。メンバーの中にたいてい一人は非常に無神経な人がいて、話に夢中になっているうちに、網がいっぱいになるほどに肉を置いてしまう。それでも話をやめないので、肉が焼けるスピードに食べるスピードが追いつかず、皿の上に焼けた肉が山と盛られてしまったり、また網の端っこの方で、無残に黒こげとなった肉が放置されてしまったり。そんな風景に心の中で〝チッ〟などと言いつつ、それでもガンガンつき進むのが、これまでの焼肉だったのです。

焼き鳥屋さんの肉の焼き方は、焼肉に対する私のそんなイメージを根底から覆《くつがえ》しました。全てが整然と、完璧に進み、

「炭は火力が均等にならないから、素人が扱うには難しすぎるんですよ。だから素人さんがおいしく焼肉を食べるには、無煙ではないガスのロースターが一番」

とか、

「この肉は、真ん中の辺りで少し斜めに包丁が入っているなぁ。だからほら、真ん中だけ薄くなって焼け方が早いでしょう」

といった講釈も交えつつ、私達は最後のクッパに至るまで、実に美しく、スムーズに焼肉を食べたのです。

全て食べ終り、店を出た瞬間。私は焼き鳥屋さんに対して、

「本日は、誠にありがとうございました……」

と、深々と頭を下げました。あまりにも完璧な焼肉道に、そうせずにはいられなかったのです。

が、私はその時、ちょっとした不安を感じてしまったのでした。私はそれまで、炭火は素人には不適当とか、肉の厚さの話等をまるで知らなかったけれど、それでも「あーおいしい」などと、焼肉を食べていた。しかし「本当の焼肉の焼き方」ってやつを知ってしまったこれから、私はどうしたらいいのか。焼き鳥屋さんはいつも一緒に焼肉を食べてくれるわけではない。果たして私はこれから、何も知らなかった時代と同じように、無邪気に焼肉を食

べることができるのか……?

実においしかった焼肉。けれど、「知ることの不幸」のようなものをもうっすらと感じた、焼肉の会だったのでした。

立ち食い文化

秋は、お祭りの季節です。神社などでのお祭りもあれば、学校では文化祭も開かれる。夏が終って寂しい気分になりがちな子供の心は、お祭りによって救済されることになっていたのです、少なくとも私が子供だった時代は。

考えてみれば、子供の頃のお祭りというのは、「立ったままで飲食することが許される唯一の場」でありました。その頃、ファストフードが日本にも入ってきて、「街でも平気で立ち食いをする若者が現われて嘆かわしい」といった意見が大人達からは出ていましたが、ファストフード登場の前にも、日本にはお祭りという立ち食い文化があった。しかし立ち食いはあくまでお祭りという場においてのみ許される特殊な行為であるからして、普通の日に普通の街で行なわれるのはいかがなものか、と大人達はおおいに苦々しく思ったのでしょう。

さらにもう一つ、おそらく立ち食いは子供の特権でもあったように思うのです。神社のお祭りにおいて、タコヤキだのあんず飴だのを、買う。それを食べ食べ他の屋台をひやかして、たまに学校の友達にも会ったりなんかして、おしゃべり。プラスチックのパックに入った、小麦粉の量ばかりやけに多いタコヤキを歩きながら食べる自分、というはすっぱさが、お祭りの興奮を盛り上げた。

最近、お祭りに行っても何かを食べようという気にはならないのは、自分が大人になったからなのでしょう。つまりいくらお祭りにおいてであれ、大人が歩きながら何かを食べるというのはルール違反なのではないか、と自制する気持ちがつい、働いてしまう。

大人であっても、小さな子供を連れていて、その子に何かを食べさせながら自分も食べるというのであれば、許されるのだとは思います。しかし大人同士、もしくは大人一人がお祭りの雑踏を歩きながら何かを食べているというのは、枕草子風に言えばどうも興醒《ざ》め、つまりは「すさまじきもの」って感じ。

中学・高校時代の文化祭においても、同じことを感じた記憶があります。文化祭の時は、学校の中庭にアイスクリームやハンバーガー、ヤキソバにクレープ……と、色々な模擬店が出ました。普段の学生生活では、買い食い行為は校則で禁じられ厳罰に処せられたのに、文化祭の日だけは思う存分買い食いを、それも学校の中ですることができる。これは相当に非日常的興奮がかきたてられる状態でした。

が、私は中庭の模擬店で大人達、つまりは父兄の方々や先生達が私達と同じように買い食い行為をしているのを見ると、どうにも違和感を覚えた。〝なんかこの人達は、本当はこの手の行為をしてはいけないような気がする……〟と、思ったのです。

その時は、違和感の正体を理解していませんでした。しかし今考えてみれば、それは彼等が大人だったせいなのです。女子校の文化祭において、アイスクリームやヤキソバの立ち食い姿が映えるのは、チェックのミニスカートにハイソックスをはいた女子高生のみ。大人が少しテレながら同じことをやってしまうと、すぐ近くに「立ち食いして当然！」という態度の女子高生という比較対照物がある分、「すさまじい」感じが強調されてしまうのだと思う。

最近は、お祭りで〝おっ、何だかおいしそう〟と思うものがあっても、買わずに通りすぎたり、どこか椅子《いす》のある場所で座って食べたりする私。ところが、座って食べる「屋台モノ」の味は、子供の頃に立ち食いした味とは、明らかに違うのです。きっと今の方が原料にしても良いものを使用しているに違いないのに、おいしく感じられません。

屋台モノはやはり立って、できるならば歩きながら、時には誰かにぶつかって迷惑がられたりしながら食べるからこそ、おいしい。しかし自分は既に大人で、その手の行為をしても、全く微笑ましくない。……そう、大人になるということは、屋台モノをおいしく食べる資格を失うということなのです。

文化祭の中庭にいた大人達、そして神社のお祭りの端っこで「恥ずかしながら」という感じでヤキソバを食べる大人達の姿というのは、場違いで興醒めな感じではあるけれど、今となってはどこか可愛らしい感じも、するものです。彼等はおそらく、〝もしかしたらもう一度、子供の頃と同じおいしさを感じられるのではないか〟という希望を捨てきることができない人達なのでしょう。だからこそお祭りの屋台を見ると、ついつい何かを買わずにはいられず、〝やっぱり子供の時の味とは、違う〟と少しガッカリしながらも、どこか嬉しい気分になっている、のではないか。

先日、久しぶりに実家の近所の神社のお祭りに行ってみました。するとお祭りは、拍子抜けするほどに空いていた。私が子供の頃は、境内《けいだい》は人でいっぱい、友達とはぐれないようにするのがやっとという印象があったのに、今はすいすいと歩くことができるほどなのです。屋台の人達も暇そうだし、屋台の数自体も昔より減っている。これはおそらく、少子化の影響なのでしょう。

人が少ないお祭りなんて、これぞ興醒め。子供達の表情からも、昔のように「もう嬉しくってどうしたらいいかわかんなーいッ！」というような興奮状態は見てとれません。そして子供達は、地面にべったりと腰をおろして、タコヤキだのヤキソバだのを食べているのです。それはまるで、路上や駅に座って友達としゃべったりしている若者のよう。

どうやら今の子供達にとって立ち食いは、別に興奮をもたらすものではないらしいのです。若い頃からファストフードを食べてきた世代の親に育てられた子供にとって、立ち食いは別に珍しい食の形態ではない。小さい頃から親と一緒に立ち食いしてきたし、塾の行き帰りに駅のホームでパンを食べたりもしてきた。お祭りは立ち食いの唯一の機会ではなく、いちいち興奮などしていられないのです。

立ち食いには、ちょっとした禁忌感がつきまとうからこそ、楽しかった。しかし今となってはその禁忌感は、立ち食いから地面座り食いへと移った。では座り食いの親に育てられる未来の子供はどうなるのだ、寝食いか……？ などと、人の少ないお祭りを歩きながら考える、ちょっと寂しい秋なのでした。

マイナーな各国料理

東京は、世界の中でも最もおいしい料理が食べられる場所の一つだと言います。同時に東京は、世界の中で最も、たくさんの国の料理が食べられる場所でもあると、私は思う。

今となっては、特に繁華街でもない郊外の町においてでさえ、中華料理はもちろんのこと、イタリア料理、インド料理、フランス料理、韓国料理にタイ料理……と、様々な国の料理を供するレストランが並んでいます。ま、この辺は外国の料理といっても、既に非常に親しみ深いメジャーどころと言うことができましょう。

さらに都心で目を凝らして見ていると、雑居ビルの二階とか三階といった場所に、さほどメジャーではない国の料理の店も、色々とあるものです。エチオピア料理、バングラデシュ料理、ルーマニア料理にネパール料理……といった店を見ていると、〝誰があの店に行くのだろう〟と思いつつ、あーもう海外旅行なんて行く必要無いっすね、という気分にもなってきます。

先日、私はそんな「料理としてはさほどメジャーではない」と思われる国の一つ、スイス料理のレストランに、ひょんなことから行くことになりました。スイス料理といえば、私達が思い浮かべるものはただ一つ、フォンデュー。基本的にチーズが好きな私は、〃たまには、いいかもね〃と、ちょっと楽しみにして出かけたのです。

が、しかし。店に一歩入った途端、私は何か嫌な兆候を感じたのです。その店に漂っていたのは、かつて他のマイナーどころ外国料理の店でも確かに感じたことのある、どこか哀しーい、淀《よど》んだような空気。

店の雰囲気自体は、重厚なのです。スイスの山のホテル風とでも言うのでしょうか。ウッディーな内装。……ではあるのですが、いかんせん古臭い。それも、狙った古さではなく、「はからずも古くなってしまいました」という感じの。そこは三十年くらい前からある店らしく、おそらくは開店当初から店の中を何一つ、変えていないと見た。

おそらくはスイスの雰囲気を出そうとしているのでしょう、従業員の中には金髪の白人青年も一名いました。ですが、彼は単なる雰囲気作り要員らしく、ただ立っているだけ。さらに言えば、彼が本当のスイス人かどうかは、判然としない。薄暗い内装の中で、彼の金髪だけがぼんやりと光っているのを見ると、少しいたたまれなくなってきます。〃ああ、きっと金髪の彼も、「どうして僕は今、こんなところにいるのかなぁ」なんて思っているのではないかしら……〟と、哀しさ倍増。

古臭いムードが漂うのは、インテリアだけではありませんでした。従業員の制服も、お皿やグラスも、テーブルセッティングも、完璧に「今」ではないのです。七〇年代には洒落ていたのかもしれない、とは思わせるものの、今となっては既に……という環境設定。そう、そこは完璧に「とり残された」場所だったのです。

よくわからない場末の観光旅館に泊まってしまった時のようにうらぶれた気分になりつつ、それでも料理には期待していたのです。が、料理も残念なことに、と言うか案の定、と言うか、「とり残された」味でした。

それはおそらく、七〇年代には洒落ていた味だったと思うのです。チーズといえばプロセスチーズとか6Pチーズくらいしか知らなかった当時の日本人は、チーズフォンデューが果たしておいしいのかどうか、判別もつけられなかったに違いない。「ほー、こんなもんか。有り難い有り難い」と、珍味感覚で味わっていたのではないか。

しかし現代人は、すっかりチーズ慣れしています。ウォッシュタイプがどうのこうのとか、スティルトンが結構好きとか、素人の娘っこが口にする時代である今、そのチーズフォンデューを食べていると、まるで昔のナツメロを聞かされているような気分になってくる。

店は、空いていました。数少ない客を見てみると、定年間近風のサラリーマンと、若いO

L風の女性というカップルが一組。男性はしきりとチーズの説明などを女性にしているのですが、女性は「興味なーい」という感じで、つまらなさそうにフランスパンをついていて、客層の雰囲気も、まったくもって沈滞気味。

ではなぜ、各国料理の店というのはこのように、現世からとり残されたような、哀しい雰囲気になってしまうのでしょうか。

考えてみると、その理由は何となく理解できる気はするのです。すなわち、さほどメジャーではない各国料理の店というのは、「珍しい料理」という部分以外に、売りが無い。

韓国料理やイタリア料理であれば、都内に無数の店があるために、味の研究も営業努力も、激しく行なわれていることでしょう。しかし都内にせいぜい数軒とか、「日本で唯一」的なマイナーどころの各国料理の場合は、ライバルがいません。「ここでしか食べられない」という価値に、安住している感じなのです。

それが普通のレストランであれば、何ら営業努力をしないでいるうちに、店は潰《つぶ》れてしまうに違いないのに、各国料理の店の場合は、「珍しい」という唯一の売りがあるため、何となく客が来てしまう。在日の各国人も、本国の味を懐かしむためにやってくるかもしれない。一度来た客がリピーターとなることは少ないかもしれないけれど、〝一生に一度〟的な客が、細々とやってくるのです。そしてマイナーどころの各国料理の店は、古い体制を維持したままで、いつの時代も生き残っていく……。

　どんよりとした店の空気とどんよりとした客、さらにはどんよりとした料理にすっかり参ってしまった私は、デザートを食べることもなく早々に、スイス料理の店を去りました。〝もう一生、この店に来ることは無いのだろうなぁ〟と、思いつつ。そしてその感覚は、外国旅行から帰ってくる時、〝もう一生、この国に来ることは無いのかもしれないなぁ〟と思う時の少し寂しいような感覚と、似ていないこともないのでした。

おばあちゃんごはん

先日、岩手のとある温泉に行った時のお話。そこは山奥のポツンと存在する温泉で、観光系というよりは、マジでどこかを治したいという客が多い、湯治場でした。

私は、突然「あー温泉行きたい」と思い立って出てきたという、一人旅。そして山奥の湯治場において、その手の女一人旅というのは珍しく、私の姿はかなり浮いていたと思う。

温泉に入っている時も、私はモテモテでした。一人で露天風呂に入っていると、正しい温泉の入り方とか、あっちに行って源泉のお湯を飲んでこいとか、おばあちゃん達が色々と教えてくれる。おばあちゃん達は激しい東北言葉なので、言っていることの八割くらいはわからないのですが、私は昔、英語のヒアリングテストに臨んだ時のように耳をそばだてて、話を理解しようと努めました。

渓流沿いにある露天風呂での朝風呂を終え、表に出た時のこと。外で涼んでいたおばあちゃん二人に、

「一緒に宿まで帰ろう」

と、またナンパされました。一人旅であることなどを話していると、おばあちゃんが、

「じゃあお昼ごはんはどうするのだ」

と尋ねます。食堂で蕎麦でも食べようかと思っていると答えると、

「なんにもないけど、オレ達（東北のおばあちゃん達は、自分のことをオレと言う）と一緒に食べよう」

と、誘って下さるではありませんか。

なぜこのような誘いが成立するかというと、その手の湯治場というのはたいてい、旅館部と自炊部に分かれているのです。旅館部の方では朝と晩の食事が出るけれど、自炊部はまさにその名の通り、宿泊している人は三食自炊をしながら、温泉合宿のような生活をする。私は旅館部に宿泊していましたが、おばあちゃん達は自炊部の常連さんなのです。

私は、温泉で会ったばかりのおばあちゃんがお昼に誘ってくれたことが、とても嬉しかった。旅先で見知らぬ地元の人にごはんに誘われるなどということは、「電波少年」の中の出来事でしかないと思っていたのです。だからあまりの嬉しさに、図々しくも部屋を訪ねる約束をしてしまったのでした。

そして、十二時。別棟の自炊部へと向かうと、おばあちゃん達は窓から身を乗り出して、おいでおいでをしてくれています。早速お邪魔すると、そこには五人のおばあちゃんが。そ

れぞれが山の麓《ふもと》の町で農業を営んでおり、毎年二回二週間ずつ、皆で湯治にやってくるのだそうです。

テーブルの上には、ずらりとおかずが並んでいました。イカと様々な野菜をイカのはらわたと味噌で味付けした汁。米どころならではのおいしいごはん。そしておばあちゃん達が作った瓜《うり》だのラッキョウだのの漬物が、十種類近く! 漬物好きな私としては、目も眩《くら》まんばかりの光景です。

「本当に何にもなくて悪いけど」

と謙遜《けんそん》するおばあちゃんに、

「何言ってんですか」

などと言いつつ、私はごはんをかっこみました。青いトマトを三杯酢で漬けたものはシャリシャリとして何とも言えない食感。煮豆は身体に染みいる甘さ。イカの汁は実にコクのある味。……そんな手作り料理を、おばあちゃん五人と一緒に囲んでいると、初対面の人達であるにもかかわらず、私は妙に安心しきった気分で何の遠慮もせず、食事をしてしまった。

お腹いっぱいごはんを食べ終るとすぐ、

「甘いものを食べよう」

と、隣の部屋に連れていかれました。そこは布団が敷きっぱなしになっており、腰が悪いというおばあちゃんは、おもむろに布団の中に入ったりしています。おばあちゃん達も、私に対して何ら遠慮はしていないようなのです。

おばあちゃん達は、リンゴやグレープフルーツ、せんべいに饅頭と、つぎつぎと食べ物を出してくれます。それを食べ食べ、おしゃべりに興じている。

が、私には相変わらず話の内容が理解できません。時たま、理解できる単語は聞こえるので、それをつなぎ合わせて〝ふむ、嫁に対する不満の話だな〟などと想像する。

さらにおばあちゃん達は、山で拾ったという栗を、茹でてくれました。びっくりするほど甘い山栗を剝きながら、おしゃべりは延々と尽きることがない。時間は、あっという間に経っていくのです。

私は当初、何も無い湯治場に二週間もいると、おばあちゃん達もさすがに退屈なのではないかと思っていました。しかし実際の湯治生活を見ていると、そこには私達が生きる時間とは全く異なる〝おばあちゃん時間〟というものが存在しているようなのです。ごはんを作り、食べ、温泉に入り、おしゃべりしているうちに、時はゆるゆると流れていく。山栗は食べ尽くせないほどどっさりあるし、またおしゃべりのネタも、無くなることは絶対に無いのです。

おばあちゃん達は言いました。

「順子さんは、まだ子供を産んでないのだろう？」

と。

「それどころか、結婚もしてませんよぅアッハッハ」

と答えると、おばあちゃんは実に柔らかく笑いながら、

「岩手さ、来《こ》ー」

と、おっしゃる。他のおばあちゃん達も輪唱するように、

「そうだ、岩手さ、来《こ》ー」

と。

栗を口いっぱいにほおばりながら、私はホロリとしました。こんなおばあちゃん達がいる場所に嫁に行くってのも、悪くないかも。毎日たらふくおいしい米と漬物を食べていれば、都会の生活で汚れてしまっている私の心も洗われていくのでは……と、ふと夢想してしまったのです。

東京に帰る日。おばあちゃん達に挨拶してから山を降りるバスに乗ると、まさに出発するその時、自炊部の建物の窓から五人のおばあちゃん達が身を乗り出して、

「順子さぁーん！」

と叫びながら、手を振ってくれました。思わずジンとした私は、〝岩手には嫁にいかない

とは思うけど……でも本当においしかった、でもごちそうさまでしたっ！〃と心の中で叫びつつ、思い切り手を振り返したのでした。

「美食欲」の不一致

私はどうも、「食べ物にはあまり興味が無いタイプ」という人が、よく理解できないでいたのです。

私はといえば、「食べ物にまあまあ興味があるタイプ」。とはいっても、旬《しゅん》のものしか食べないとか産地を選んで食材を買うとか、珍味を求めて地の涯《はて》までも……といった大変なことをする気はいっさい無く、「どうせ食べるならおいしいものが食べたい」と思う程度。

少し前までは、特別なグルメを除けば、世の中にいる人は皆、私と似たような感覚だと思っていたのです。食欲は人間にとって本能的欲求なわけで、そうであるとすれば「どうせならおいしいものを食べたい」という美食欲も、誰もが持っているものと思っていた。

が、しかし。本能的欲求を満たす時、その質にはあまりこだわらないという人も、世の中には存在するのですね。性欲に関しても、セックスをしないわけではないけれど別にあれこれ工夫する気はない、とか。睡眠欲も、一日に三時間くらい眠れば充足してしまう、とか。本能に関しては至って従順な私としては、その手の人が存在するということが、昔はよくわからないでいたのです。

そして、食欲に関しても。

「食べ物には興味が無いんで、毎日食べなくちゃならないのが面倒って感じ。ただお腹さえいっぱいになれば何でも……」

という人が世の中には確実に存在するということに、私は最近になって気付いたのです。

先日も、とある男性と二人で、おいしい和食屋さんにおいて食事をする機会がありました。おしゃべりも弾んで楽しい会ではありました。が、趣向を凝らしたおいしい料理が次々に出てきたにもかかわらず、彼から料理に関するコメントが何も出てこなかったのが、私は気になった。

「あ、これおいしいっ」

とこちらが叫んでも、

「それで先週旅行に行った時にね……」

と違う会話になってしまう。気になって食事の嗜好《しこう》について質問をしてみればやっぱり、

「うーん、食べられさえすれば何でもいいかなぁ。味とかってよくわからないから」

と、実に素直な返答があったのでした。

私は、少し肩を落としました。この人って、性格はとても良さそうだけれど食べ物に興味

が無いってのはどうもつまらんなぁ……、と。

では「おいしいものが食べたい!」という美食欲が自分よりうんと強い人がいいかというと、これがそうでもないのです。一回や二回デートをするというのであれば、

「えーっ、すごーいおいしーい」

などと相手の美食知識にひたすら感服していればよいわけですが、その人と生活をするとなったら、勝手が違ってくる。

美食欲が著しく強い人というのは、食に関して妥協を許さない人です。ごはんを炊くにしても、米の銘柄から水の質、炊飯ジャーの機能まで、「適当」というか「いい加減」では済まされません。

「おいしいものが食べたーい。でも一年に一回くらい『ペヤングソースやきそば』も食べたくなるよね」

という程度のこちらの美食欲に、きっと彼はイラつくに決まっているのです。

ふと周囲を見回してみると、これら「まずいもの食べるなら食べない方がマシ」という極端に美食欲の強い男性と、「お腹さえくちくなれば何でもいい」という極端に美食欲に欠ける男性というのは独身生活を長く続ける傾向がある、ということを見てとることができるのでした。

前者の場合は、おそらくは食欲だけでなく全ての面に関して「妥協を許さない」という姿勢があるのかもしれませんが、女性の好みも非常にうるさい。下手な女と一緒になって、自分の完璧な食生活を乱されたくないという気持ちも、強い。結果、独身生活が長く続く。

後者の場合は、「食べ物と同様、全てのものに対して興味が無い」という無気力タイプと「食事は毎日ジャンクフードでいいが、プラモデルには命を賭ける」といった一点集中タイプがおり、そしてどちらも異性にモテるとは言い難い感じ。

両者を見ながら、私は思うのです。世の中では晩婚化・少子化が嘆かれているが、その原因は案外こんなところにあるのではなかろうか、と。

晩婚化のもう一方の主役である女性独身者を見てみると、私を含めて彼女達というのは「食べ物にそこそこ興味がある」というタイプが多いのです。若い頃はグルメなおじさま達からおいしいお店を教えられて舌を肥やす。三十歳を過ぎてからは、小金と小暇を持っているので、どこそこのレストランはおいしいと聞けば、素早く馳せ参じる。しかしかといって、モスバーガーの昼食を許さないわけではない。

つまり彼女達は、

「ジビエの季節なのでちょっとフランスに」

とまでは言い出さないものの、コンビニ弁当を食べることはちょっと躊躇してしまう、という人達なのです。

ふと独身男性に目を転じてみれば、そこにいるのは、

「ジビエの季節なのでちょっとフランスに」

と言いながら本当にフランスに行ってしまうような男性か、三食コンビニ弁当でも全くオッケー、舌は発音するためにあるものさ、という男性かのいずれか。……こりゃあ、合わんわな。

何泊かの旅行をするにしても、食べ物の趣味が合わない人と一緒というのはつまらないものです。ましてや結婚生活をや……と思うと、食の不一致という問題は、独身男女に重くのしかかります。

掃除嫌いな人に「掃除しろ」と言っても無駄なように、食べ物に興味が無い人に「興味を持て」と言うのも無駄なこと。そして食べ物に興味持ちすぎの人に「食べ物なんてどうだっていいじゃん」と言うのも、全く現実的ではない。

ああ、これも私達が今、豊かすぎる世の中に生きるせいなのか。コンビニ弁当からフランスのジビエまで、選択の幅が広すぎるからこそ、男女の食生活のすれ違いが生まれる。たとえば戦時中、食うや食わずの時代であったらこんなことはなかったのかなぁ……と思うと、不謹慎ながら少し羨ましくもあるのでした。

料理無間地獄

先日、とある料理研究家の方と一緒に、食事をする機会がありました。テレビで拝見していると、いつも楽しそうに、アイデア溢れるおいしそうな料理を作っている方です。

レストランにおいて、

「おいしい！　おいしいねー！」

と、全ての料理を食べていたのですが、最後に彼女は言ったのです。

「あー、やっぱり他人が作ってくれたものなら何でもおいしいわねっ。もう本当、料理なんて作りたくない。他人が作ってくれたものが一番！」

と。

その発言に、私はかなり驚きました。料理研究家である彼女は、同時に良き妻であり、母でもあります。ですから私は〝きっと家でも、毎日楽しく手早く、色々な料理を作っているのだろうなぁ。料理するのが面倒臭いだなんて、思ったこともないのだろうなぁ。ああ、何て素晴らしいのだろう〟と、彼女を見ていた。……というのにその彼女から、

「料理なんて作りたくない！　他人が作ったものが一番おいしい！」

という発言があったのですから。マジですか？　という感じ。

私が茫然としていると、発言を聞いたそのレストランのシェフが、口を開きました。そして何と、シェフまでもが、

「そうですよね、僕も他人が作ってくれた食事が一番好きですよ……」

と言い出すではありませんか。私は、シェフという職業につく人も、料理をしていればそれで幸せなのかと思っていました。が、シェフもやっぱり、自分以外の人が作ったものを、食べたいらしいのです。料理研究家とシェフは、お互いの目を見て深くうなずき合っていた。

最初は「そんなもんか」と驚いていた私ですが、考えてみるとその気持ちもわかるような気がしてきました。料理研究家もシェフも、普通の人に比べたらはるかに料理が好きで、かつ料理の才能もある人達です。が、彼等にとって料理は、仕事です。そして誰にとっても仕事というのは大変で、責任が重く、時として逃げ出したくなるもの。サラリーマンが毎日、大喜びしながら会社に行くわけはないように、料理を仕事にする人は時として料理から逃げ出したくなるのではないか。

主婦を見ていても、同じことが言えるのです。主婦にとっても料理は、仕事。家族のために毎日、料理を作り続けなければならない。友人の専業主婦達に聞くと、

「自分一人だけの時は、絶対に料理なんか作らない」

「冷凍してあるごはんを解凍して納豆だけとか、買ってきたパンだけで全然幸せ！」

と言うのです。自分で作った温かい料理よりも、たとえパンだけでも「料理を作らずに済む」という状態の方が嬉しい、と。

毎日料理を作るのが苦痛だ、と言う主婦の声を耳にした時、料理好きを自負する男性は言います。

「どうしてそんなことを考えるのかわからないなぁ。僕はどんなに手のかかる料理を作る時も、すごく楽しんでいるよ」

と。

主婦の皆さんにしてみれば、その手の発言を聞くとすごく腹立たしいようです。

「だったら一年三百六十五日、朝昼晩の献立を考えて作ってみろ！　たまにやる趣味の料理と、毎日しなくてはならない義務としての料理を一緒にするな！」と言いたくなるらしい。

義務として毎日献立を考えなくてはならないのも、主婦にとっては苦痛です。主婦の皆さんの仕事には定期的な休みも、「ここまでやったら完成」という区切りもない。

「私は別に料理が嫌いというわけではないけれど、一生毎日繰り返して料理を作り続けるのかと思うと、気が狂いそうになる……」

と、間もなく結婚十年を迎えようとする友人の主婦は〝料理無間地獄〟を嘆いていましたっけ。

料理研究家というのは、そんな主婦達に「もっとこうすれば、日々の料理が楽しくなるし、手抜きもできる」というアイデアを教える存在です。ですから私は今まで、料理研究家という人は〝料理無間地獄〟など見たことの無い人達に違いない、と思ってたのです。

今回、料理研究家もやはり毎日料理するのは嫌なのだ、と知った私。しかしだからといって、彼女が作る料理に対する信頼感が減少することはありませんでした。むしろ「この人も、市井の主婦と同じ地獄を見ながら料理を考え、そして教えているのか」と思うと、その料理やアイデアに対する期待は、グッと増すこととなったのです。

主婦や料理研究家は、家で料理を作り続けることに疲れて、時としてレストランへ行き、息抜きをする。レストランのシェフは、店で毎日料理を作り続けることに疲れて、時として他の店へ食べに行ったり、家庭で妻の料理を食べたりする。料理の世界は持ちつ持たれつ、であることがわかります。

で、ふと自分を振り返ってみると。気楽な一人暮らしである私は、三度三度の食事を他人のために作らなくてはならないという義務は、全く負っていません。だというのに、たまに料理をするという時には、「あー面倒臭い。誰か作ってくれないかなー」と思う。

さらには、毎日「何を食べようか」と考えることすら面倒臭くなり、「空腹にさえならなければ、こんなことを考えずに済むのに。ああこの空腹が苛立たしい」と思ったりもするのです。そんな時は、お昼は給食を食べていればいい小学生や、社食に行けば定食が用意されている会社員のことが、とても羨ましくなる。

食べることは、好きなのです。が、食べるためには料理をしなくてはならず、それが嫌な時は、お金を払って他人に作ってもらわなければならない。そして人は死ぬまでそんな作業を繰り返さなくてはならないのです。

食べることは、とても楽しいものです。が、楽しそうに見えることの裏には必ずつらいことがあるというのは、どうやら世の常らしいのでした。

解説――洞察観音

穂村弘

酒井順子さんと一緒にご飯を食べませんか、と云われて私はためらった。誘って下さった通信社の記者さんは、おふたりはきっと話が合いますよ、などと云ってにこにこしている。

それはそうかもしれませんが、でも、と私は呟いた。

僕は怖いんです。

は？　と記者さんは不思議そうだ。

何が怖いんですか。

目が。

目？
ええ。
酒井さんの？
はい。
どうしてですか？
だって……。

冷蔵庫というのはキッチンにおける未決箱、なのだと私は思います。

鍋物というのは、主従関係が非常にはっきりした食べ物です。フグ鍋であったら、主はフグ、野菜は従。鶏《とり》の水炊《た》きにおいても、主は鶏で、野菜は従。つまり動物性蛋白質素材が頂点にいて、あとの素材は全て、その下僕として存在しているのです。

豆腐は、「買ってきてすぐ食べられるのに、『出来合いの物を買う』という罪悪感からは逃れられる食材」として、非常に有用なのです。

（いずれも『食のほそみち』より）

「冷蔵庫」や「鍋物」や「豆腐」について、これ以上に深い洞察があるだろうか。ひとたび酒井さんの視線を浴びたものは、例外なくその真の姿を剝き出しにされてしまうのである。

鋭い洞察力によって書かれたエッセイは、読者にとってはたまらなくエキサイティングな読み物になる。私だって普段は愛読して楽しんでいる。しかし、赤外線暗視スコープのようなその視線の前に、生身の自分を置くとなると話は別である。

いや、本質を密かに見抜かれるだけならまだいい。だが、酒井さんはさらに卓抜な「名づけ」の力によって、対象の裸の姿をこの世に定着させてしまうのである。その結果、我々の目には、冷蔵庫が「キッチンにおける未決箱」以外のものにはみえなくなってしまう。

その最大の例が「負け犬」である。「未婚、子ナシ、三十代以上の女性」のことを示すこの言葉は、彼女の「名づけ」によって二十一世紀の日本国民のあたまに焼きついた。「負け犬」自身もそうでない者も、もはやこの言葉を使わずに「今」を考えることはできない。ひとつの「名づけ」がこの国のこの時代を生きる人間の本質を照らし出したのだ。

聞くところでは、酒井さんは以前厚生労働省の「少子化社会を考える懇談会」の委員をされていたらしい。その洞察力が国家的なレベルで「使える」と判断されたのだろう。

自ら進んでその道を選び、おそらくは潜在的にアイデンティティの確立を求めていたであろう「負け犬」たちは、きっぱりと「名づけ」られて本望でもあるだろう。だが、怖ろしいことに酒井さんの視線は、この世界の隅っこにこそこそと隠れているものの姿をもくっきりと照らし出してしまうのだ。

「無駄海老」とは、何か。と言うと、つまり天婦羅とか海老チリのように、海老そのものを料理として食べるのではなく、「この料理は豪華だ、ということを知らしめるためだけに、特に必要性も無いのに添えられている海老」のことです。

(『食のほそみち』より)

「無駄海老」、なんて身も蓋もないネーミングなんだ。だが、この「名づけ」は対象を骨(はないけど)まで貫いている。「この料理は豪華だ、ということを知らしめるためだけに、特に必要性も無いのに添えられている海老」って……、怖ろしい。

こんな視線が自分に向けられてはたまったものではない、と私は思ったのだ。一緒に食事をしているうちに、目の前の男(私だ)についてのひとつの洞察が酒井さんの心に浮上する。万一、それを口にされてしまったら、どうしたらいいのだ。それが「おたく」とか「女好き」とか「丸顔」とか、こちらに心の準備のあるものなら耐えることができる。だが、このひとの洞察がそんな可愛いレベルに留まる筈がない。

「鍋物の野菜」は、自分が「下僕」だと知っていたか。

「茶巾寿司の上の海老」は、自分が「無駄海老」だと知っていたか。

そうは思えない。彼らは彼らなりに己の存在や役割に自信をもって生きていた筈だ。それが酒井さんによって、思ってもみなかった本質を突かれてしまったのである。野菜や海老はまだいい。日本語がわからないから。だが、私はちゃんとわかるのだ。自分が「下僕」や「無駄海老」だと知らされたら自我が崩壊するかも知れない。

とうとう食事の日が来た。六本木のレストランでお目にかかった酒井さんはつるんとした卵っぽい美人で、少しも怖いひとではなかった。学生時代の失敗談などを気さくに話してくれて、ほっとする。

やがて、楽しい食事の時間のなかで、私は自分の胸にぼんやりとした願いが生まれていることに気づく。

「名づけ」て下さい。

え？　と思わず驚く。

私を「名づけ」て下さい。

何を云っているのだ。

自分で自分に呆れてしまう。

おまえはあんなにもそれを怖れていたではないか。

何を今さら。

だが、ひと粒の泡のように生まれた願いは消える気配がない。

ますます大きく膨らんでゆく。

嗚呼、早く、私に。

予想もできない「名づけ」をお与え下さい。

確かに私は「おたく」の「女好き」の「丸顔」かも知れない。

でも、それだけじゃないんです。

ある筈がない。

決して後悔しません。

教えて下さい。

いったい何者なんですか、私は。

そんな願いに気づいたのか、ノンアルコール・カクテルを口元に運んでいた酒井さんの目がきらっと光る。

どきっとする。

美しい唇から、ついに決定的な一語が零れる。

それこそは、かつて一度も思いもしなかった、そして、私という存在を芯まで貫く言葉……。

「●●●●」。

——歌人

この作品は二〇〇二年三月実業之日本社より刊行されたものです。

食《しょく》のほそみち

酒《さか》井《い》順《じゅん》子《こ》

平成17年8月5日　初版発行

発行者——見城徹

発行所——株式会社幻冬舎

〒151-0051東京都渋谷区千駄ヶ谷4-9-7

電話　03(5411)6222(営業)

03(5411)6211(編集)

振替00120-8-767643

印刷・製本—大日本印刷株式会社

装丁者——高橋雅之

幻冬舎文庫

ISBN4-344-40682-6　C0195　さ-7-5